저도 눈치 없는 사람과
대화는 어렵습니다만

1

우리말에는 예쁜 말이 많다. '말눈치'도 그런 말에 속한다. 말눈치란 '말하는 가운데 살며시 드러나는 태도'다. 이를테면 "말눈치를 봤을 때 곧 끝날 것 같지 않아서 제가 먼저 일어나자고 말씀드렸습니다"처럼 활용된다. 타인을 잘 헤아리는 모습이 그려지듯 소박한 느낌이 든다. 부정도 긍정도 아닌 잘 균형을 맞춘 모습이다. 비슷한 단어로 '눈치'란 말이 있다. 하지만 눈치는 말눈치와는 다르다. 눈치는 수동적이고 소극적인 느낌이다. 왠지 부정적인 감정도 든다. 그에 비하면 말눈치는 적극적이고 능동적이며 활력 있는 느낌을 준다. 그런데 이상하다. 더 긍정적인 말눈치란 단어는 대화 속에서 찾아보기 힘들다. 오직 눈치만이 살아남은 것일까. 각박한 세상 속에서 상대를 배려할 줄 아는 예민한 말눈치가 그 힘을 잃어버린 것만 같아서 안타깝다.

2

말눈치는 '본다'는 것을 전제로 한다. 보는 것은 우리의 감각에서도 매우 중요하다. 그것은 세상을 보는 것, 그리고 앎과도 직결한다. 아리스토텔레스는 『형이상학』에서 "사람은 태어나면서부터 앎을 원한다"라고 했다. 그리고 앎에서 가장 사랑받는 감각은 눈으로 보는 감각, 즉 시각이라고 말했다. 사람은 행동할 때뿐만 아니라 전혀 행위 하지 않는 경우에도 시각을 다른 모든 감각보다 더 좋아한다. 그 까닭은 눈으로 보는 일이 다른 감각보다도 사물을 가장 잘 알게 하고, 여러 형상을 더 또렷하게 해주기 때문이란다. 그래서일까. 세상 사람은 자기 자신 이외의 모든 것을 판단할 때 눈으로 보는 것을 우선으로 한다. '본다'라는 가치를 중요하게 여기는 말눈치를 다시 우리 대화 속으로 초대해야 할 이유다.

3

말눈치는 일종의 재치이기도 하다. 생각해보라. 우리가 무엇인가를 판단할 때 오직 시각에만 의존하는가. 아니다. 눈으로 보는 것과 함께 생각하고 고민하는 것도 역시 중요하다. 그뿐인가. 결국 말로 표현해야만 한다. 그래야 세상과 소통할 수 있다. 말눈치는 이 모든 것을 포함한다. 혼자 살 것이 아니라면, 세상 누군가와 어울리며 서로 도움을 주고받으려면 우리에겐 말눈치가 필요하다. 말눈치는 '남의 마음을 알아차림'이라는 의미를 포함한다. 말에 '센스' 혹은 '위트'가 들어갈 때 말눈치는 완성된다. 센스 없는, 위트 없는 말은 생명력을 잃는다. 말눈치 없는 대화, 그 자체로 답답하지 않은가. 말눈치 없이 덤비는 사람이 얼마나 짜증 나는가. 그러니 대화와 행동에는 센스 있는 말눈치가 있어야 한다.

4

세상은 내가 가만히 있을 땐 아무것도 선물하지 않는다. 아니 오히려 공격까지 한다. 그래서 말눈치가 필요하다. 자신의 말 속에 말눈치를 잘 담아서 표현해야 한다. 대화 속에 센스와 위트를 담아야 한다. 막히지 않고 잘 통하는 현상을 의미하는 소통이란 단어가 그 중요성을 더할수록 말눈치를 자신의 커뮤니케이션 능력에 장착하는 것은 중요하다. 대화로 상호이해를 달성하기 위해서라도, 소통에 문제가 있음을 알고 이를 고치기 위해서라도, 상대방에게 신뢰를 주기 위해서라도, 그래서 결국 내가 원하는 것을 얻고 세상이 좀 더 따뜻한 말로 가득하게 하기 위해서라도 말눈치는 우리에게 꼭 필요한 커뮤니케이션 도구다.

세상은 점점 나 이외의 다른 사람이 하는 말을 못 알아듣게 되었다. '당진잼'이라는 젊은이의 말을 장년층은 모른다. 남자는 여자의 말이 세상에서 가장 어렵다고 불평한다. 신입 사원은 "목표를 향해 최선을 다하자"라는 직장 선배의 말을 '꼰대의 언어'로 치부한다. 노인은 외로움에 몸서리를 치지만 젊은이는 노인의 말을 혐오하기만 한다. 나이를 먹는다고 어른이 되지 않는 것처럼 세상을 살아가기만 한다고 말눈치가 저절로 생기는 것은 아니다. 어른의 조건, 청년의 조건, 노인의 조건, 남자의 조건, 여자의 조건 등 모든 삶의 조건에는 말눈치가 필요하다.

이 책이 일상의 모든 말눈치를 포함할 수는 없다. 세상에 조금이나마 선한 영향력을 행사하는 나와 당신이 되기 위해 조금씩 말눈치의 기술을 익히는 자료로 활용했으면 좋겠다. 세상의 말이 매일매일 조금씩이라도 아름다워지기를 바란다.

2018년 봄

김범준

나는 말눈치가 있는 사람일까?

인간관계에서는 말눈치가 매우 중요하다. 대화가 막힌다거나 친구가 갑자기 나를 어색하게 대한다면 내 말눈치를 고민해봐야 한다. 말눈치가 있는지 없는지 한번 확인해보자!

☐ 하고 싶은 말을 내뱉어야 직성이 풀리며 항상 직설적으로 말한다.

☐ 다른 사람의 입장에서 전혀 생각하지 못한다.

☐ 무조건 내 생각이 옳다고 주장한다.

☐ 상대가 하지 말라고 하는데도 또 한 적이 있다.

☐ 내 이야기만 늘어놓는다는 말을 듣는다.

☐ 다른 사람에게 관심이 없다.

☐ 대화 중에 갑자기 흐름과 맞지 않는 주제를 이야기한다.

☐ 내가 남에게 잘 해준 건 기억해도 남이 나에게 잘 해준 건 기억하지 못한다.

☐ 말을 잘못 전달해 종종 오해를 사곤 한다.

☐ 상대가 실수하자마자 바로 논리적으로 지적한다.

하나라도 체크했다면 당신에게는 말눈치가 필요하다. 상처 주지도 상처받지도 않는 대화를 위해선 상황에 맞춰 말과 행동을 해야 한다. 말눈치만 잘 배운다면 말 잘하는 사람, 배려 있는 사람, 공감할 줄 아는 사람으로 누구에게나 좋은 인상을 남길 것이다.

CONTENTS

03
공감하는 말눈치가 필요할 때

04
절제하는 말눈치가 필요할 때

01

배려하는
말눈치가
필요할 때

정중한 태도는
마음을 열기 쉽다

후배가 한숨을 쉰다.

"선배, 누군가에게 함부로 자신의 이야기를 털어놓는 것만큼 바보 같은 짓도 없을 거예요."

"무슨 말이냐"라고 내가 되묻자 이렇게 덧붙인다.

"저, 책 좋아하잖아요. 퇴근하고 독서 모임에 가서 다른 사람과 토론하는 시간은 저만의 힐링이에요. 그런데 지난달에 회사에서 이런 일이 있었어요. 점심시간 때 각자 어떤 취미가 있는지 이야기를 나누었어요. 회사 선배들은 골프, 등산, 이런 취미를 말씀하시더라고요. 저는 '아는 분들과 좋은 책을 함께 읽고 토론하는 걸 좋아해요'

라고 말했죠. 그런데…"

"그게 뭐 문제가 된 거야?"라고 끼어들려는 순간 다시 한번 한숨을 푹 내쉰다.

"며칠이 지났을 때였어요. 회사 후배가 와서 박 과장님에게 들은 말을 전해주더라고요. '그나저나 정연 씨는 한가한가 봐. 퇴근하면 공자인지, 플라톤인지 얘기하면서 노닥거린다며? 이야, 나는 신문 읽을 시간도 없는데. 세상 참 쉽게 산다'라고 했다는 거 아니겠어요."

박 과장이 지칭한 정연 씨가 바로 후배였다. 알고 보니 그 선배라는 사람은 매일 저녁 술친구를 찾아 여기저기 전화하고, 술을 한번 마시면 밤 12시 넘어서까지 마셔야 하는 알코올중독 초기 증상을 보이는 사람이란다. 그런 사람이 자신에 대해 반성은커녕 타인의 '지극히 건전한' 취미 생활을 아니꼬워하며 그렇게 평가하다니 기가 막힌 일이다. '예의는 모든 문을 여는 황금 열쇠'란 말도 있는데 어떻게 그렇게 무례할 수가 있는지 궁금하다.

상대방이 어렵게 털어놓은 사생활에 꼬투리나 잡으니 — 이것이 꼬투리 잡을 일인지도 모르겠으나 — 세상의 대화가 이 모양 이 꼴일 수밖에 없다. 물론 그 선배는 후배와 사적인 감정을 나누고 싶어서 그랬을 수도 있다. 하지만 세상이 원하는 것은 감정에 앞서 예의임을 잘 모르는 것 같다. 누군가의 사생활을 함부로 침범하는 무례한 말은 자신을 사회에서 고립시키는 것임을 알아야 한다. 그 선배는 기본적인 말눈치부터 배워야 할 사람이다. 여기서 꼭 기억할 것이 있다. 누군가에 대해 이야기하고 싶다면, 잠깐 말을 멈출 것! 그다음에 우선 자신을 돌아보고 상대방에 대해 정중한 태도로 말할 준비가 되었는지 살펴보는 것이 필요하다.

말눈치에 익숙하기 위해선 조금은 내향적일 필요가 있다. 무슨 말일까. '조심성'이라는 기질을 발달시켜야 한다는 말이다. 인간은 원래 자신을 잘 돌아볼 줄 아는 내향적인 성향을 가졌다. 수렵하던 인류의 시기를 머리에 떠올려보자. 아버지와 어머니는 사냥하러 나갔다. 동굴 속에서 혼자 남은 어린아이, 동굴 밖에서 수상한 소리를 듣는다. 그때 아이가 조심성 없이 소리를 내어 운다면 바로 짐승의 먹이가 된다. 시행착오를 거치고 거치면서 언젠가부터 혼자 남은 아이에게는 아무도 없을 때 밖에서 이상한 소리가 들리면 자기도 모르게 조용히 구석으로 숨는 유전자가 각인되었다.

인간에겐 자기 이외의 모든 것을 조심하는 유전자가 있다. 무엇인가 일어날 때 자신의 위치를 잘 살피고, 자신의 힘을 생각해보며, 차분하게 세상과 맞서는 유전자가 결국 우월한 유전자다. 그런 유전자를 물려받은 후손이 바로 지금의 인류, 당신과 나이다. 자신을 돌아볼 줄 아는 내향성이라는 말눈치는 우리가 인간으로 세상에서 살아남게 한 특별한 기질이다.

말눈치란 다른 사람보다 조금 더 조심하는 능력이다. 위험사회로

변해버린 오늘날, 조심성은 대담함에 앞서는 미덕이다. 말눈치는 우리가 사람들 속에서 살아갈 때 잘 살아남게 하는 능력으로 기능한다. 반대로 말눈치가 없다는 말은 조심성이 없다는 뜻이며 이는 대화 상대방에 대한 배려의 부재라고밖에 볼 수 없다. 세상의 말이 각박한 이유는 우리 인류가 그동안 잘 전해 내려온 내향성의 특질인 말눈치 그리고 정중함을 잊어버렸기 때문이다. 존중함이라고는 찾아볼 수 없는 무례하고도 불친절한 '경계 침범'의 대화가 서로의 마음을 아프게 했고 소통의 문을 닫게 했다.

정중함은 상대방을 조심하는 것에서 나온다. 상대방은 단지 내 앞의 사람만이 아니다. 내가 누군가를 지칭해서 하는 모든 말에는 정중함이 있어야 한다. 말눈치가 있는 사람이라면 정중함을 잃지 않는다. 사생활 등 개인의 관점에서 생각이 다른 주제를 말할 땐 긴장의 끈을 놓치지 않는다. 서로를 아는 것, 당연히 좋은 일이다. 하지만 아는 정도를 조절할 줄 아는 사람이 말눈치 있는 사람이다. 적절하게 자신을 방어하는 것, 즉 어느 정도 자신의 사생활을 노출하지 않는 것이 중요하다. 그리고 그만큼 누군가의 사생활에 대해 정중함을 잃지 않고 조심스럽게 말하는 것은 말눈치 있는 사람이 가진 큰 장점이다.

자신만의 벽을 두고 철옹성처럼 인간관계를 하지 말라고 권장하는 것은 아니다. 사회라는 틀 속에서 사는 사람으로서 그것은 옳지 못하다. 하지만 사생활 노출로 있을지 모를 주변의 뒷담화에 조심해야 한다. 그리고 누군가의 사생활을 언급할 때도 '해야 할 말, 하지 말아야 할 말'을 구분하는 말눈치가 대화의 문을 여는 정중함의 기본인 점을 잊지 말자.

겸손하게 말하면
더 높아 보인다

내가 싫어하는 유형의 사람이 있다. 자신의 일이 아니라고 함부로 말하는 사람, 시도 때도 없이 충고만 하는 사람 그리고 끝까지 들어 주지 않는 사람. 그들은 이렇게 말한다.

"그건 늘 있는 일이야. 그냥 네가 참아."

"모든 사람이 그렇지는 않아. 네가 운이 없는 거야."

"아, 됐어. 뭘 그 정도 갖고 그래. 별일도 아닌데."

냉정하고 무관심하며 일방적인 말이다. 말눈치라고는 찾아볼 수 없는 사람들이다. 나는 이런 사람을 '겸손과는 거리가 먼 사람'이라고 정의한다. 당신이 이런 말을 '하는 입장'에 있는 사람이라면? 다행이다. 어렵긴 하지만 지금 이 책을 읽으면서 그 못된 말버릇을 고치면 되니까. 개선의 가능성이 있음을 행운으로 여기자.

불행한 것은 말눈치라고는 찾아볼 수 없는 누군가가 저렇게 말할 때 '오로지 듣는 입장'에서 참아내야만 하는 사람이 다름 아닌 바로 당신인 경우다. 당신의 상사가, 선배가, 아버지가, 배우자가 저런 말을 할 때 무슨 이유든지 그저 참고 들어야만 하는 사람은 세상에서 가장 비참하다. 어떻게 해야 할까. 당신은 둘 중 하나를 선택해야 한다.

선택 1) 그냥 버틸 것
선택 2) 다른 곳으로 도망갈 것

이렇게 말하면서도 가슴이 아프다. "그냥 버티든지 아니면 다른 곳으로 도망가든지"라는 말은 슬프다. 버틸 정신력이 없다면 — 누구는 버틸 수 없는 정신력을 탓하는데, 그렇게 말하는 사람의 정신력이 오히려 의심스럽다 — 얼마나 마음에 상처를 달고 살아야만 하는 것일까. 버틸 수 없어서 도망가고 싶지만 도망갈 곳이 없다면? 예를 들어 일하는 직장에서 상사가 겸손하고는 거리가 멀고 무례하기 이를 데 없는 사람이지만 그렇다고 직장을 옮기는 것이 쉽지 않다면 또 얼마나 비극적인가.

허무한 결론이지만 세상의 대화가 조금씩 나아지기를 바라는 수밖에 없다. 내가 듣기 싫다면 듣지 않을 '권리'가 있음을 말눈치 없는 상대방에게 아무렇지 않게 말해도 되는 세상이 오기를 말이다. 상대방이 내 말을 진심으로 들을 준비가 되지 않았다면 나 역시 상대방의 질문에 대답하지 않아도 괜찮은 미래를 기대해본다. 겸손하게 말하는 말눈치를 지닌 사람이 좀 더 높은 사람으로 돋보이는 세상이 왔으면 좋겠다.

겸손이 얼마나 아름다운지 세상 사람이 알기를 바란다. 겸손은 지혜를 불러온다. 가장 아름다운 지혜는 지나치게 영리함이 없는 데 있다. 겸손은 세상과의 불화를 이기는 힘이다. 겸손으로 무장한 말눈치는 그 어떤 세상과도 어울린다. 반대로 겸손이 모자란 사람의 말은 늘 단정적이며 일방적이기에 세상과 충돌을 일으킨다.

겸손이란 자신을 낮추는 것이다. 낮춘다는 것은 상대방보다 나 자신이 못나서가 아니다. 자신보다 못난 사람에게라도 배울 용기를 내는 지혜가 있다는 말과 같다. 반대로 겸손을 모른다는 것은 상대방을 단정적으로 평가하고 그것을 입 밖으로 내뱉는 사람이라는 말이다. 자신을 낮추는 법을 모르기에 겸손할 수 없고 결국 지혜로울 수가 없다. 그들은 상대방이 자신의 말에 얼마나 상처를 받는지 개의치 않는다.

말눈치가 있는 사람은 겸손하다. 겸손할 때 겸손할 줄 안다. 그리고 겸손의 말을 하는 것에도 어려워하지 않는다. 말눈치가 있는 사람이라면 '내 말이 중요한 만큼 상대방의 말 역시 중요하다. 내 말을 상대방이 들어야 하는 것 이상으로 나 역시 상대방의 말을 잘 듣겠다'는 겸손의 대화법을 모범 답안으로 마음속에 둔다.

나부터, 당신부터, 우리부터, 일상의 순간 속에서 조금씩 겸손하게 말했으면 좋겠다. 누군가를 안다고 — 사실은 전혀 모르면서 — 함부로 판단하지 말자. 상대방의 의견을 끝까지 그리고 세심하게 들어주고 판단하겠다는 의지를 갖자. 그렇게 한다면 개선된 대화를 느낄 것이다. 또 세상이 좀 더 따뜻해지는 데 도움을 줄 수 있다. 자, 이제 앞에서 본 '겸손과는 거리가 먼 사람'의 대화를 고쳐줘 볼 때다.

"그건 늘 있는 일이야. 그냥 네가 참아."
→ "그런 일이 있었어? 어떻게 그걸 견뎠어?"

"모든 사람이 그렇지는 않아. 네가 운이 없는 거야."
→ "그런 일이 있었어? 정말 힘들었겠다."

"아, 됐어. 뭘 그 정도 갖고 그래. 별일도 아닌데."
→ "그런 일이 있었어? 괜찮은 거야?"

딱 한 발자국씩만 겸손하면 세상 속의 대화는 두 발, 세 발, 아니 열 발 더 아름다워진다. 우리 먼저 해보기로 하자. 세상을 겸손의 대화로 자신의 영역에서부터 하나씩 채워나가는 것이다. 겸손의 대화가 세상과 잘 통하지 않는다고 그것을 포기하는 순간 다른 누군가의 잘못된 언어가 나를 채우게 됨을 오히려 두려워하자. 겸손한 내 언어가 표현되지 않아서 다른 사람의 '잘못된 언어'로 세상이 뒤덮인다면 얼마나 슬픈 일인가.

상대를 생각하고 말하면
믿을 만한 사람이 된다

대학교에 갓 입학했을 때 얘기다. 입학한 동기에게 자기가 다니던 여고의 체육 선생님에 관한 일화를 들었다. 그 이야기가 어찌나 민망하던지 지금도 생각하면 얼굴이 붉어진다.

"담임이 체육 선생님이었는데 월말고사가 끝나면 이전보다 성적이 하락한 애들을 줄 세워서 때렸어."

"그래? 그게 뭐, 대단하다고? 선생님한테 맞은 애들이 한둘이야? 엄살은! 나는 대걸레 자루로 맞았어. 너희들은 30센티미터 자로 맞았지? 뭐, 그 정도로⋯"라고 되받는데 친구가 말을 끊었다.

"그런데 손바닥으로 때렸어."

'여학생도 따귀를 맞나? 안됐다'라는 생각에 "어디, 뺨? 장난 아닌데?"라고 물어봤다. 대답은 이랬다.

"아니 엉덩이…."

미친놈이라는 말이 저절로 나왔다. 여학생의 엉덩이를 손바닥으로 때렸다고? 남자 선생이? 그것은 그냥 폭력이 아니다. 명백한 성희롱이고 성폭력이다. 지금 만약 이런 일이 일어났다면 그 선생, 아니 그놈은 바로 감옥에 갔을 테다. 꽤 오래전 일이니 — 성희롱, 성폭력에 대한 개념조차 희미하던 — 가능한 일이었다.

사실 이 이야기를 꺼내는 이유는 따로 있다. 내가 이야기를 들으며 분개할 때 다른 친구가 — 남자였다 — 옆에 있었다. 그 친구가 대화에 슬며시 끼어들며 이렇게 말했다.

"얼마나 성적이 떨어졌으면 선생님이 때렸겠냐?"

그때도 '무슨 소리지?'라고 어리둥절했는데 지금 생각해도 역시 여고생의 엉덩이를 손바닥으로 때렸다는 담임보다 더 어이가 없는 말이었다. 자신의 부끄러운, 아니 어처구니없이 겪은 폭력의 수난을 용기 내어 말한 친구가 이 말에 기막혀 한 것은 당연하다. 지금 생각해보면 내 소심함이 부끄럽다. 그때 '뭐라고? 이 친구가 얼마나 힘들었겠냐? 폭력 자체도 힘든데 더 험한 꼴을 당한 거잖아. 위로해주지는 못할망정!'이라고 화를 냈어야 했다.

어쨌거나 지금 생각해보면 그는 자신이 이해하는 것만 생각하느라 상대방의 고통에 무감각한 사람이었다. 물론 인격이 나쁜 사람은 아니라고 생각한다. 나름대로 자신의 생각에 비추어 조언한 것이었을 테니 말이다. 하지만 그 말을 들은 상대방에게는 조언이 아니었다. 상처일 뿐이었다. 아픈 피해자에게 뭔가 문제 있는 것 아니냐는 편견과 위험한 가해자를 향한 너그러운 생각이 엉뚱한 상처의 말로 상대방 속을 뒤집어놓은 셈이다.

우리는 착각한다. 무슨 말을 할 때 '상대를 생각해서 말한다'고 말이다. 사실은 다르다. 상대에 대해서는 눈곱만큼 관심도 없고 생각도 하지 않으며 자신의 말만 쏟아낸다. 상대를 생각해서 말했다면 "맞을 만하니까 맞은 거지!"라고 말할 수 없다. 상대가 겪은 모멸감과 허탈감 그리고 기가 막힘을 생각했다면 저렇게 말하지 못한다. 대화에는 말눈치가 필요하다. 기본적인 말눈치가 없음에도 함부로 말을 내뱉는 것은 범죄다. 얕은 생각에서 나오는 말은 의미 없는 내뱉음, 혹은 상처를 만드는 날카로운 칼날과 같다.

상대가 힘들고 어려울 때 우리도 힘들어할 줄 알아야 한다. '당신이 아프기 때문에 나도 아프다'며 그것을 표현해주는 것이 제대로 된 말눈치다. 소수자이기 때문에, 약자이기 때문에 어쩔 수 없이 당한 것에 용기를 내어 방어하고 보호해주는 말눈치를 가진 사람이 되어야 한다. 상대의 말에 거짓이나 악의만 없다면 말이다.

오래전 일이 기억난다. 영어를 함께 공부하는 모임에 나갔다. 그

모임에 참석하는 사람 중에 간호사가 있었다. 간호사는 치과에서 일했는데 남자의 성희롱에 몸서리를 치는 경우가 한두 번이 아니라고 말했다. 도대체 치과에서, 그것도 남자 의사도 있는데 무슨 성희롱이 가능하겠냐는 명청한 남자의 — 바로 나였다 — 질문에 이렇게 대답했다.

"의사 선생님 대신 스케일링할 때가 있어요. 그런데 가끔 어떤 미친놈들이 혀로 제 손을 핥아요."

"미친놈들!"이라는 말밖에 나오지 않았다. 지금이라면 아마 조금 달랐을 것이다. 적극적으로 '내가 도와줄 테니 성희롱으로 고소하라'고 했을 테다. 아니다. 이렇게 밑도 끝도 없는 말은 좋은 말눈치가 아니다. 그보다는 다음과 같이 세 단계로 대화했을 것이다.

1단계: 반성

나 역시 약한 사람에게 이런 일을 저지르는 것은 아닌가 하고 일단 자신을 돌아본다.

2단계: 경청

"너무 힘들었겠다"라고 말하며 차분히 들어준다.

3단계: 질문

대화를 경청하며 상대방이 분노를 조금이라도 해소했을 때 "내가 도와줄 것은 없니?"라고 물어본다.

안타깝게도 세상은 그리 변하지 않았다. 지금, 우리 주변에서도 여전히 성희롱 발언을 끝도 없이 찾아볼 수 있으니 말이다. 한 중견 기업의 회사원이 한 말이 기억난다. 프레젠테이션을 하러 가는데 부장이 이렇게 말했단다.

"바지 입고 오면 안 돼. 프레젠테이션 하는 자리니까. 여자는 치마를 입는 게 예의야. 알지?"

상대를 생각하고 말할 줄 알아야 한다. 이를 위해선 우선 나 자신을 치열하게 반성해야 함은 기본이다. 이와 함께 상대방을 존중하는 마음 역시 필요하다. 상대방이 돈 없고, 덜 배우고, 착하기만 하다고 얕잡아 보고 함부로 말하다간 거꾸로 봉변을 당하기 쉽다. 약자 역시 자신만의 방식으로 자신의 공간에서 싸우고 버텨왔다는 사실을 깨달아야 한다. 그렇지 못하면 내 말은 위로나 격려가 아닌 건방과 모욕으로 들릴 수 있다. 반성하고 상대방을 존중한다면, 그리고 상대방의 처지에서 생각할 줄 아는 말눈치가 있다면 세상 어느 곳에서도 누군가에게 신뢰받고 믿음을 주는 사람으로 자리 잡을 수 있다.

대화가 싫어진 이유는
비교에 있다

혀와 배를 다스릴 것!

　침묵을 지키기 위해 3년간 입에 돌을 물고 살았다는 옛 이집트 수도자들의 일화가 생각난다. 침묵 속의 인내는 수도자도 견디기 어려워했다는 좋은 사례다. 그만큼 침묵은 어렵다. 왜 침묵이 어려울까. 침묵은 곧 개인 욕망의 자제이기 때문이다. 세상 모든 것을 비교의 대상으로만 보는 것에 익숙하며 자기 밖에 있는 외면에만 집중하는 사람에게 침묵은 어렵기만 하다. 누군가의 잠재력을 보기보다는 현재 어떤 상태인지에만 관심을 두며 그 상태를 자신이 한 번 바꿔보려는 욕망이 침묵을 어렵게 한다.

'숫자가 인격이다!'

직장 생활을 해본 사람이라면 누구라도 들어봤을 말이다. 생각해 보자. 내가 한 조직의 구성원이다. 과연 숫자를 피할 수 있는 사람이 있을까. 없다. 모두 자신만의 숫자가 있으며 또 그 숫자를 충족하려고 최선을 다한다. 그래서 이 말은 구성원 각자의 마음에 이미 있는 하나의 명제다.

"숫자는 인격이다"라는 말은 부하 직원을 모아놓은 회의 시간에 리더가 하는 경우가 많다. 그들은 이 말을 뭔가 대단한 말처럼 내뱉는다. 물론 그들이 얘기할 때 진심으로 하고 싶은 말은 이렇다.

"직장에서 성과, 목표, 달성 수준 등은 중요하니 늘 챙기세요."

그런데 듣는 사람은 달리 생각한다.

'숫자를 채우지 못하는 사람은 인간 취급받지 못할 준비나 하라는 말이지?'

이렇게 생각하면 회사 생활이 답답해진다. 걱정하기 시작한다. '숫자'를 평가 기준으로 삼겠다는 뜻이라고 해석하면서 우울한 마음을 점점 키워간다. '너희는 오직 숫자만으로 비교된다. 숫자를 채운 사람은 좋은 평가를 받을 것이고, 숫자를 채우지 못한 사람은 나쁜 평가를 받을 각오해라'는 이런 회사 분위기 속에서 잘 해낼 자신이 없어진다. 결국 결론은 하나로 모인다. '그래 경쟁에서 이겨야 해!'

오직 경쟁만이 답이 된다. 누군가와 협력하거나 도움을 주는 것은 내 관심사가 아니게 된다. 소통? 그것은 아무런 의미가 없다. 동료는 나보다 성과가 나빠야 할, 즉 내 좋은 성과를 위해 희생되어야 할 사람일 뿐이다. 그런데 무슨 소통을 하는가. 만약 동료가 필요하다면 소통이 아니라 '이용'만 하자는 생각으로 가득해진다. 이때 사람은 숫자를 채우려고 소통의 문을 닫아 놓은 채 오직 자신의 일에만 몰두해도 된다는 자기변명이 생기기 쉽다.

도대체 숫자라니 무슨 소리냐는 사람이 있다면 아마 조직 생활을 안 했을 가능성이 크다. 숫자는 목표 대비 달성도 혹은 성과 정도로 해석하면 된다.

이런 상황에서는 조직 구성원 사이의 소통을 기대하기 어렵다. 조직에서 숫자를 채우지 못한 구성원은 인격을 인정받지 못하는 상태이니 대화에 사랑이나 애정 따위를 담을 마음의 여유가 없다. 부족한 숫자를 채우려고 수단과 방법을 가리지 않고 자신을 채찍질하는 것이 최선의 직장 생활 방법이 된다. 누군가와 비교당하여 루저로 취급받지 않기 위해서.

겉으로 드러난 객관적 수치로 사람을 비교하는 것이 조직 커뮤니케이션의 기준이 되어서는 곤란하다. 진정한 대화란 '겉의 숫자'가 아닌 '속의 잠재력'을 보는 것을 말한다. 단순히 수치로 사람을 비교하는 것이 아니라 사람이 가진 능력과 특징을 충분히 이해하고 받아들여야 한다. 그래서 그것을 통해 모두 성장할 수 있는 계기를 마련하도록 노력하는 태도가 올바른 대화 자세다.

비교를 선호하는 대화는 차별에 익숙하다. 반대로 비교에 매달리지 않는 사람은 차별적 대화를 거부한다. 예를 들어 남과 여의 관계를 보는 시각을 생각해보자. 비교에 매달리지 않는 말눈치를 지닌 사람은 여성차별 혹은 역차별을 보는 관점에서도 '어느 한쪽이 다른 쪽보다 낫다 혹은 못하다'를 말하지 않는다. 남자 없는 세상에서 살고 싶은 것이 아니며, 여자가 존재하지 않는 곳을 찾는 것도 아니다. 세상을 좀 더 좋은 세상으로 만들기 위한 사람의 모습만을 받아들인다.

물론 근거 없는 차별에는 적극적으로 분노한다. 단호하게 거부한다. 단 그런 것조차도 곧바로 분노로 표출하기보다는 한 번 더 생각하고 진지한 판단으로 세상을 다시 한번 해석해보려고 노력한다. '좋은 것도 좋게 보지 않는 것'을 택하기보다 '나쁜 것조차 좋은 점이 있는지 알아보려는 노력'을 한 후에야 비로소 말로 표현하는 말눈치를 지닌다.

부끄럽지만 내 얘기를 해보겠다. 나는 비교에 익숙한 대화를 한 사람이었다. 특히 '좋은 것을 좋게 보는 능력'을 언제부터인가 잊고 지냈다. 개인적으로 성격상 아쉬운 부분이다. 모든 것을 경쟁 대상으로만 봤지 협동의 파트너로 보는 것에 실패한 사람이 바로 나였다. 이젠 흑백논리에서 벗어나려고 나름대로 애를 쓴다. 여전히 부족하지만 말이다.

경쟁사회에 사는 우리는 누가 더 나은지 비교하는 것에 익숙하다. 심지어는 내향성이 우월한 기질인가, 외향성이 우월한 기질인가를 놓고 비교한다. 비교를 버려야 한다. "내향성과 외향성 중 어느 유형의 사람이 더 우월하냐고요?"라는 질문은 무지하다. 비교에 따른 우월과 열등을 표현하지 않는 말눈치를 자신의 언어 습관에 갖추어야 한다.

어느 유형도 상대 유형보다 우월하거나 열등하지 않다. 누군가를 비교할 시간이 있다면 그 시간에 자신의 마음을 한 번 더 들여다볼 것 그리고 그 후에 조심스럽게 말할 것. 이것이 좀 더 나은 세상을 위해 기여하는 사람의 제대로 된 말눈치다.

딱딱한 분위기를 풀어주는
커피믹스 한 잔

문제 해결의 정석.

문제를 해결할 때 정석과 같은 말눈치에는 어떤 것이 있을까. 삶은 해결해야 할 문제의 연속인 경우가 많다. 일상 대화조차 모두 문제로 느껴지는 경우가 한두 번이 아니다. 말하는 것도 힘들지만 말을 듣는 것도 마찬가지다. 하루에도 몇 번씩 말 때문에 고민한다.

'도대체 왜 저렇게 말하는 걸까?'

'내 말이 과연 이 문제를 해결할 수 있을까?'

말 한마디를 잘하고 싶어서 밤잠을 설치는 사람이 바로 우리다. 그런데도 여전히 말하기는 힘들기만 하다. 열심히 생각해서 상대방에게 한 해결책의 말 한마디가 오히려 반감이나 갈등을 불러일으키는 경우도 많으니 말이다. 도대체 이런 상황은 무엇이 문제일까. 다음의 말 한마디를 기억했으면 한다. '해결해야 하는 상황, 해결책을 피하라.'

사람은 정답을 주려고 애쓴다. 문제가 발생했을 때 문제를 파고들어 핵심을 파악하고 해결책을 내놓는 것이 만능인 것처럼 여긴다. 말을 결과의 답을 표현하는 수단으로만 사용한다. 문제 해결의 과정에 상대방과 말을 섞는 것을 어려워한다. 문제가 발생한 상황에서 필요한 것은 '문제 해결을 위한 해결책解決策'이 아니라 '문제를 가진 상대방을 향한 공감책共感策'이 우선이라는 점을 잊은 오류다.

어떤 문제가 발생했다. 문제의 상황에 직면한 상대방이 친구, 후배, 혹은 부모님이라고 해보자. 이때 문제의 해결책을 빨리 찾아서 얼른 논리적으로 말하고 싶은가. 그것이 상황을 해결할 것 같은가. 아니다. 그 이전에 상대방의 상황을 탐색하는 것이 우선이다. 우리가 생각해야 할 것은 '어떻게 문제를 해결할 것인가'의 적극적 커뮤니케이션이나 '어떻게 이 상황에서 벗어날 수 있는가'의 소극적 커뮤니케이션이 아니다. 우리에게 필요한 것은 '지금 저 사람의 상황이 어떤 것일까'라는 공감의 커뮤니케이션이요 말눈치다. 상대방을 향한 관심과 배려에서 시작하는 공감의 대화야말로 오로지 논리적인 것만을 무기로 삼는 사람들 대부분에게 무엇보다도 필요하다.

그런데 그것이 그리 어려운 일이 아니다. 예를 들어보자.

상대방이 화를 낸다. 이유를 잘 모르겠다. 그러면 보통 사람은 밑도 끝도 없이 자기만의 시간을 가지려 한다. 그리고 혼자 고민한다.

'뭐가 문제일까? 내가 뭐 잘못했나?'

그런데 사실 이런 경우 공감 대화법에 익숙한 사람이라면 오히려 쉽게 해결한다. 그들은 화를 내는 상대방에게 다가가서 이렇게 말한다.

"우리 커피 한잔할래?"

공감 대화법은 커피믹스 한 잔에서 시작한다. 쉽지만 우리가 모르는, 어쩌면 무시하던 말눈치일 수 있다. 말눈치가 풍부한 사람이라면 봉지 커피에 뜨거운 물을 부으면서 이렇게 말할 줄 안다.

"나 때문에 힘들지?"

어떤가. 특별히 문제에 직접 뛰어들지 않았음에도 문제 해결에 이미 90퍼센트 이상 다가선 느낌이 들지 않는가. 이런 쉬운 방법을 놔두고 많은 사람이 여전히 자신의 문제에 집중하려고 한다.

'내가 뭐가 부족해서 이런 말을 듣는 걸까?'

아직 상대방의 감정에는 1퍼센트도 접근하지 못한 채 말이다. 답답한 일이다. 이제 차이를 알겠는가. 그동안 우리 대화가 별다른 성과를 얻지 못한 이유는 혼자 끙끙 앓고 자기 나름의 해결책을 찾느라 애쓰는 것에 시간을 대부분 쓰기 때문이다. 당신이 갖고 간 대단한 해결책에 상대방은 그리 공감하지 못한다. 왜? 상대방에게 필요한 것은 해결책이 아니라 공감책인 경우가 대부분이니까.

딱딱한 분위기를 풀고 싶은가. 그렇다면 문제가 발생했을 때 냉정하고 건조한 논리로 따지기에 앞서 상대방과 편한 자리를 마련해주는 행동 하나를 생각해보자. 갈등을 피하려는 모습보다 갈등의 근원인 사람에게 관심으로 다가서는 말눈치를 고민해보자. 그리고 표현하자. 아무렇지도 않게 '툭' 가벼운 이야기로 시작하자. 문제를 해결하는 정석은 우선 그 사람에게 다가섬으로 시작하는 것이다. 기본적인 것을 몰라서 대화를 힘들어하지 않았으면 좋겠다.

마음가짐의 법칙 :
상대를 배려하면
대화가 달라진다

A와 B가 있다. 모두 직장인이고 같은 부서에 근무한다. 출근하다가 만나 함께 회사로 가고 있었다. 가는 도중에 영구차를 봤다. 이를 본 한 명(A), 갑자기 마음이 안 좋아졌다.

'뭐야. 아침부터 재수 없게 말이야. 오늘 임원들 앞에서 보고하는 날인데 죽은 사람을 실은 차를 보다니.'

기분이 나빠졌다. 뭔가 안 좋은 일이 벌어지지 않을까 하는 생각에 마음이 울적했다. 마음이 가라앉은 만큼 자신감이 떨어졌다. 결국 회의실에서 잦은 실수를 했고 끝은 윗사람들에게 받은 질책뿐이었다.

다른 한 명(B)은 달랐다. 물론 처음에 영구차를 봤을 때는 동료(A)와 마찬가지로 잠깐 기분이 언짢은 것도 사실이었다. 하지만 곧 자신의 마음가짐을 바꿨다.

'오늘처럼 중요한 날에 영구차를 본다는 건 주어진 오늘 하루를 더 멋지게 살아보라는 암시가 아닐까. 겸손하면서도 최선을 다하는 모습을 보여주어야지!'

누군가가 더 살고 싶었을 오늘을 산다는 마음가짐으로 스스로 자신을 격려했다. 회의실에서도 씩씩하게 그리고 겸손하게 보고를 마쳤다. 임원이 "자신감 있어 보여서 참 좋아. 보고 내용도 훌륭하네"라고 한 말은 회의 마지막에 들은 이야기였다.

똑같은 영구차를 보고도 한 사람은 부정적인 마음가짐을 가졌고 다른 사람은 적극적이며 긍정적인 마음가짐을 가졌다. 그리고 다르게 생각한 마음가짐이 전혀 다른 결과를 가져왔다. 그렇다. 그저 자신이 스스로 선택한 마음가짐만으로도 구체적인 현상이 완전히 달라졌다. 이를 '마음가짐의 법칙'이라고 한다.

이 법칙을 말눈치에 활용해보면 어떨까. 의기소침한 누군가에게 배려의 말을 해주고 긍정적이고 능동적인 마음가짐을 갖게 하는 것이다. 대화로 사람은 자아 정체감을 형성한다. 그러니 대화에서 부정적인 말로 상대방을 의기소침하게 하기보다는 긍정적인 마음가짐을 가질 수 있도록 배려의 말을 해주는 것이 말눈치의 핵심이다.

"너는 참 괜찮은 친구야."

"네 미소는 사람을 편안하게 해줘."

"너는 친절하고 배려 깊은 사람이야."

어찌 보면 별것 아니지만 누군가가 해주는 이런 말을 들을 때 사람은 자신이 존중받을 만한 사람임에 뿌듯해한다. 자신의 내면에 있는 좋은 에너지를 성장시키며 결과적으로 긍정적인 정체감을 형성한다. 이는 자신감으로 구체화하여 주변 사람과도 원만한 관계를 구축할 테다. 배려 담긴 말을 들은 사람에게는 주어진 축복이요 그 말을 하는 사람에게는 보람인 셈이다.

배려를 받으면 우리는 마음이 편해진다. 그 이유는 뭘까. 세상에는 기본 예의조차 없는 말을 하며 말눈치라고는 전혀 없는 사람이 주위에 너무 많기 때문이다. 물론 배려의 실종으로 말미암아 당연한 배려에도 고마워하며 눈물짓는다는 것이 한편으론 아쉽다는 생각이 들기도 한다. '기본 예절' 대신에 '일상적 무례'가 판치는 세상에 사는 것은 괴롭다.

그렇다고 해서 참담한 현실에 등을 돌릴 수만은 없다. 적극적으로 일상적 무례를 이겨낼 수 있는 마음의 눈을 가져야 한다. 그리고 세상을 좀 더 따뜻하게 바라보는 눈을 가져야 한다. 그런 생각 속에서 지금보다 좀 더 나은 세상을 위해서라도 적절한 시기에 알맞은 배려의 말을 하는 것은 모든 사람이 갖추어야 할 기본 말눈치다.

벤저민 프랭클린 효과 :
적을 내 편으로 만드는
사람의 공통점

당신에게 호의를 베푼 사람과 당신이 호의를 베푼 사람이 있다. 어리석은 질문일 수도 있지만 둘 중 누구에게 더 마음이 끌리는가.

정도의 차이는 있다. 하지만 대개 사람은 자기에게 호의를 베풀어 준 사람보다 자기가 호의를 베푼 사람을 더 좋아하는 경향이 있단다. 이러한 심리적 성향을 '벤저민 프랭클린 효과'라고 한다.

한 회사의 회의실 장면을 머리에 떠올려보자. 그날따라 팀장이 심기가 불편했나 보다. 회의 분위기가 엉망이다. 회의에 참석한 모든 팀원을 한 명씩 언급하면서 '도대체 지금까지 이루어낸 성과가 무엇이었느냐'고 옥박지른다. 한숨을 쉬고, 목소리가 높아질수록, 그리고 시간이 갈수록 불편함은 더해간다. 그동안 팀의 실적이 회사 전체에서 최하위에 머물렀기에 팀원들도 '죄송하다'는 말 이외에는 할 말이 없다.

회의가 끝났다. 팀의 이런 분위기는 꽤 오래 지속될 것 같다. 사무실은 조용하고 또 팀장과 팀원 모두 굳은 얼굴로 일하기 시작한다. 그때, 김 대리가 조용히 팀장 자리로 가서 무언가 쑥덕거린다. 그리고 함께 사무실을 나간다. 삼십 여분이 지났을까. 돌아오는 두 사람의 얼굴에 좀 전의 무거운 분위기는 사라졌다. 약간의 미소마저 보인다. 이것이 어찌 된 일일까.

알고 보니 김 대리는 팀장에게 '말씀드릴 게 있다'고 말하곤 회사 1층 카페로 팀장을 데려갔다. 그리고 달달한 커피를 주문했다. 주문한 커피가 나와서 한 모금씩 마셨다. 여전히 꺼림칙한 표정을 짓는 팀장에게 김 대리는 이렇게 말했다.

"팀장님, 저희가 많이 부족했죠. 일단 저부터 잘 해보고 싶습니다. 그래서 부탁드립니다. 제가 팀을 위해서 주어진 목표에 이르는 성과를 이루려면 무엇이 필요할까요?"

한편으로 당황하면서도 다른 한편으로 고개를 끄덕이던 팀장은 이런저런 말을 했고, 그 말을 적극적으로 받아들이는 김 대리 덕분에 분위기는 좋아졌다고 한다. 결국에는 "우리 한 번 잘해보자"라는 말로 화기애애한 커피 타임은 끝났다. 후일담이지만 이후 김 대리를 바라보는 팀장의 시선은 매우 호의적으로 변했다고 한다.

팀장은 어색한 상황에서도 김 대리가 자신에게 부탁하고 또 자신의 충고가 마치 큰 도움이 되었다는 듯 받아들이는 모습이 좋았다.

특별히 호의를 베풀어준 것도 없는데, 호의를 베푼 것처럼 느끼게 한 김 대리의 말눈치가 위력을 발휘한 순간이다.

"시간은 돈이다"라는 명언으로 유명한 벤저민 프랭클린은 과학자이면서도 미국의 초대 정치인이다. 프랭클린은 "적이 당신을 돕게 되면, 나중에는 더욱더 당신을 돕고 싶어 하게 된다"라고 말했다. '벤저민 프랭클린 효과' 즉, 아무리 껄끄러운 적이라고 하더라도 자신을 돕게 만들면 친구가 될 수 있다는 현상은 우리의 말눈치에도 적극적으로 활용해야 한다. 자신의 생각이 모두 옳기 때문에 상대방에게 힘이 미쳐야 한다고 믿는 사람은 이런 말눈치가 없다. 내 생각을 다시 한번 살펴보고 또 조심스럽게 대화를 진행하려는 사람만이 벤저민 프랭클린 효과의 주인공이 된다.

말눈치의 향상을 위해 심리학 용어 하나만 더 확인해보자. 당신이 누군가에게 — 설령 그 사람이 나에게 악감정을 품던 사람이라도 상관없다 — 부탁하는 순간이다. 물론 부탁의 형식은 정중함과 겸손을 잃지 않았다. 이때 상대방은 선택의 상황에 직면한다. 물론 모든 부탁을 들어줄 수는 없다. 하지만 상대방이 작은 부탁이라도 들어주는 바로 그 순간부터 상황은 급변한다. 이를 심리학 용어 '인지적 부조화'로 설명해보자. 인지적 부조화는 심리적 갈등이 생기면 갈등을 해소하기 위해 행동이나 사고를 변화시킨다는 뜻이다.

내 부탁을 조금이라도 들어주는 순간 상대방은 나에게 일종의 호의를 베푼 셈이다. 이때 상대방은 갑작스러운 심리적 갈등에 휩싸인다.

'뭐지, 내가 저 사람하고 별로 친하지도 않은데 왜 부탁을 들어주는 거지?'

심리적으로는 나를 미워해야 하는데 행동으로는 나에게 호의를 베푸는 모순적인 행동을 취한, 즉 인지적 부조화가 상대방에게 생긴 것이다. 사람은 이러한 부조화 상태를 견디지 못한다. 얼른 어색한 상황을 해결하고 마음의 평화를 얻고 싶어 한다. 이 갈등을 해소하려면 심리적 상태와 행동이 일치해야 한다. 해소 방법은 두 가지다.

첫 번째, 베푼 호의를 철회한다.
두 번째, 자신에게 무언가를 부탁한 사람이 사실 그리 나쁜 사람은 아니라고 생각한다.

상대방의 입장에서 보면 호의를 철회하기보다는 자기 생각을 바꾸는 것이 더 쉽다. 그래서 상대방은 나에게 호의적으로 대하기 시작한다.

미운 사람이 있다. 그럴 때 사람은 '눈에는 눈, 이에는 이'의 대화 전략을 사용한다. 하지만 이는 결국 누군가는 마음에 상처를 받고 끝나야만 하는 파괴적 결론만 나온다. 이제 우리의 말눈치는 달라져야 한다. 상대방이 나에게 호의를 베풀도록 겸손과 부탁의 자세로 말해야 한다. 그래서 나에게 그리 호의적이지 않던 사람의 심리 상태를 흔들어야 한다.

대화의 상대방이 마음에 들지 않는 적과 같은 존재라면 '벤저민 프랭클린 효과'와 '인지적 부조화'를 적절히 활용한 말눈치로 극복해봄이 어떨까. 그것으로 더 나은 관계를 얻는다면 지금 약간의 어색함 정도는 비용으로 내도 되지 않을까. 세상과 잘 공존할 줄 아는 말눈치를 지닌 사람의 말로 이제 대화를 시작해본다.

"부탁드릴 게 있는데 말씀드려도 될까요?"

02

세심하게
살피는
말눈치가
필요할 때

걱정 많은 덕분에
준비도 철저하다

신입 사원 때 일이다. 한 과장님을 모셨다. 지금 생각해도 소탈하고 또 좋은 사람이었다. 가끔 나에게 이렇게 말하는 것만 빼놓고는 말이다.

"너는 하는 짓이 어째 계집애 같냐!"

그때 난 무슨 소리냐고 물었다. 그러자 대수롭지 않다는 듯 '여자애처럼 얌전하게 앉아 일만 해서' 그렇게 말했다고 대답했다. 알게 모르게 불쾌하던 기억은 지금도 여전하다. '조용하다'와 '여자'를 — 그것도 계집애 혹은 여자애라니! — 연결하는 기막힌 논리는 지금 생각해도 어처구니가 없다. 꽤 오래전 일이니 이제 이렇게 말하는 사람은 없을 — 없어야 한다! — 것이다.

당시 내 기분? 뭔가 불쾌한 것 이외에 이런 느낌도 들었다.

'난 아직 신입 사원인데 이런 말을 듣다니…혹시 나에게 문제가 있는 걸까?'

생각은 이어졌다.

'저 친구는 활기가 있어 좋아, 패기가 있어 보여, 남자다워, 이런 말을 들어야 하는데….'

처음 겪어보는 직장 생활, 혹시 잘못된 말이나 행동을 하지 않을까 조심조심했는데 긍정적인 평가 대신 오히려 '조용해서 계집애 같다'는 말이나 들으니 뭔가 답답했다. 대학교 때까지만 해도 '세심하고 조용한' 내 성격을 인정받았다고 생각했는데 그것 때문에 오히려 소외받는 느낌을 받으니 그럴 만도 했다. 내 자존감에도 부정적인 영향을 끼쳤다.

'나를 바꿔야 하나? 나란 사람이 정말 문제인가?'

불편했다. 과거에는 그랬다. 신입 사원이라면, 젊은 친구라면 밑도 끝도 없이 무작정 패기가 있어 보이는 것이 미덕이었다. 활발한 척, 아니 속된 말로 지랄발광하는 척 정도는 해줘야 "아, 이번에 들어온 신입 사원은 패기가 있어!"라는 말을 듣는 시절이 있었다. 어쩌다 패기라는 좋은 단어가 지랄발광과 동의어가 된 것인지는 모르겠으나 어쨌든 조용히 자기 할 일을 하면서도 나름대로 성과를 내는 직장인보다는 과장된 행동과 말을 하는 사람을 선호하는 시대를 우리는 지나왔다.

그때는 다름을 인정하지 않는 시대였다. 사실 '걱정'하는 것은 큰 에너지를 소모하는 일이다. 걱정은 자신의 심장을 먹는 것과 같다. 한 회사의 직장인으로 일 그리고 자신과 상대방의 관계를 걱정하는 것은 마음을 죽이면서 일하는 '보이지 않는 열정'과 같다. 그런데 외부로 표현하지 않는다고 해서 패기가 없다거나, 회사에 충성심이 부족하다는 이야기를 듣는다면 그것만큼 아쉽고 답답한 일이 또 있을까.

피를 나눈 가족, 부모, 자식, 형제자매 간이라도 다 개성이 다르다. 하물며 살아온 환경 자체가 다른 수많은 사람이 모인 회사에서 모두가 한뜻이 될 수 없는 것은 당연하다. 민주주의 정치제도는 바로 그런 개성의 차이를 바탕으로 이루어진 체제이며, 이제 회사도 그 정신을 이어받은 곳이어야 한다. 무엇인가를 걱정하고 조심스럽게 하는 말은 타인의 개성을 인정할 줄 아는 세련된 말눈치다.

물론 회사 역시 조직이기에 어느 정도 수직적인 것은 당연하다. 하지만 이 역시 민주주의 제도 안에서 움직인다. 회사 전체의 이익을 위한 단결, 협동이 미덕인 것처럼 개인의 욕구에 대한 존중 역시 무엇보다도 중요하다. 큰 목소리, 과장된 행동을 강조한다고 개개인의 세심한 마음을 죽이는 것만큼 무지한 일도 없다.

조용히 걱정할 줄 아는 사람이 조직에는 필요하다. 그들은 조용히 시간을 보내지만 시끄럽지 않은 만큼 일과 회사에 온 마음을 다하는 사람이다. 사소한 것에도 걱정할 줄 아는 사람은 어쩌면 있을지 모를 회사의 작은 분열을 찾아내고 막을 수 있는 능력을 갖춘 소중한 인재일지도 모른다.

창의력을 극대화하고 일에 집중하기 위해서는 혼자만의 시간이 무조건 필요하다. 그리고 혼자만의 걱정이 필요하다. 대한민국의 수많은 기업이 오죽했으면 집중 근무 제도를 만들어 회의를 함부로 소집하지 말라고 했을까. 이제 기업도 혼자 시간을 보내는 말눈치 있는 사람이 성과에도 긍정적인 영향을 주는 것을 알았기 때문이리라. 적절한 시기에 혼자서 필요한 걱정을 할 줄 아는 사람을, 관계를 늘 살펴보는 말눈치를 지닌 사람을 붙잡아서 회의실에 데려다가 목소리 큰 사람이 이기는 끝장 토론을 시킨다면 그만큼 어리석은 일이 또 있을까.

적당히 걱정할 줄 아는 사람은 특성상 묵묵히 일하기를 좋아한다. 타인의 조언을 기대하지만 일하는 과정 전체에 걸쳐 누군가가 개입하는 것을 싫어한다. 이런 사람이 사사건건 참견하면서 "왜 함께 일하지 않느냐"라며 윽박지르는 상사 밑에서 일하면 불행하다. 건전하게 걱정할 줄 아는 사람은 혼자 행하는 힘을 믿기에 준비 역시 제대로 한다. '다른 사람이 자기와 같은 마음일 것'이라는 생각을 함부로 하지 않는다. 오히려 타인의 생각을 걱정하고 또 관심을 두기에 누군가에게 헛된 기대를 하지 않는다.

혼자 조용히 일하는 사람을 건드리지 말아야 한다. 그는 무엇인가를 준비하는 것이다. 누구보다 조금 느릴 수 있을지는 모르겠으나 오히려 그 늦음이 무엇인가를 대비한 철저한 준비임을 잊지 말자. 누군가 느리다면 이제 '왜 이렇게 늦어'라고 윽박지르기보다는 '늦어서 죄송합니다'고 말하는 사람에게 이렇게 격려해야 한다.

"늦기에 오히려 준비가 잘 될 거야."

늘 걱정하는 사람이 주위에 있다면 잘 준비한다고 인정해주기 바란다. 또한 조용히 걱정하는 개성을 존중하길 바란다. 상대방 스스로 걱정을 너무 많이 한다고 생각할 때도 "걱정하는 걸 보니 잘 준비하고 있구나"라고 격려하면 된다. 여러 명이 모여서 시끄럽게 토론한다고 늘 정확하게 결론이 나는 것은 아니다. 배가 산으로 가는 경우보다는, 실수하면서 우왕좌왕하기보다는, 서로에게 책임을 전가하느라 시간을 보내는 것보다는 자기 스스로 고민하고 반성하는 모습이 더욱 중요하지 않을까.

혹시 당신은 스스로 걱정이 많은 사람이라고 생각하는가. 그렇다면 걱정을 많이 하는 당신을 거부할 필요가 없다. 오히려 많이 걱정하는 자신의 모습을 인정하고 그 방법대로 대화의 현장에 접근하면 된다. 누군가 왜 그리 걱정이 많은 것이냐고 물을 때 "나는 준비를 잘한다", "나는 묵묵히 일하기를 좋아한다"라고 말해주면 된다. 그뿐이다.

가짜 관심은
상처를 남긴다

관심에는 '진짜 관심'과 '무관심'이 있다.

진짜 관심은 눈치껏 상대방이 원하는 것을 알고 또 그것에 관심을 가지는 일이다. 상대방이 원하는 것을 아는 말눈치가 핵심이다. 상대방이 원하는 것을 알지 못하는 말눈치 없는 관심은 모두 무관심일 뿐이다. 무관심은 '상대방이 원하는 것을 모르고 함부로 말하는 모든 것'을 포함한다. 상대방에게 관심이 있어야 대화는 깊이를 더한다. 별다른 관심도 없는 당신의 말에 상대방은 바로 당신이 자신에게 무관심한 사람임을 안다. 사람은 생각보다 관심이 진짜인지 가짜인지 잘 안다.

상대방이 내가 하는 말에 관심을 두게 하려면 어떻게 해야 할까. 관심이 진짜임을 어떻게 증명할까. 방법은 딱 두 가지다. 내 관심에 상대방이 흥미를 느끼는지가 첫 번째요, 기뻐하는지를 살펴봄이 두 번째다. 내 말이 상대방의 귀에 잘 전달되고 또 마음속에 다가서도록 하려면 이 두 가지는 너무나도 중요하다. 그렇기에 다음과 같이 요약해서 다시 강조하고자 한다.

상대방이 내 말을 잘 듣게 하는 두 가지 방법
1) 내 관심에 상대방이 흥미를 느끼는가?
2) 내 관심에 상대방이 기뻐하는가?

두 가지를 고민하지 않고 상대방과 대화하는 것은 난센스다. 말눈치가 없는 사람의 행동이다. 상대방이 기뻐하지 않는 말을 하거나 흥미를 갖지 않는 주제를 쓸데없이 말하는 것은 폭력이다. 말하는 사람의 입장에선 대화일지 모르지만 말이다. 안타깝게도 우리는 상대방에게 관심이 조금도 없는 말을 아무렇지도 않게 내뱉는 경우가 많다. '관심으로 포장했지만 실제는 무관심'뿐인 말을 툭툭 던진다. 상대방의 지루함과 괴로움을 전혀 눈치채지 못한다. 그래놓고 대화가 힘들다고 하소연한다.

왜 이런 일이 일어날까? 어떻게 하면 이런 일이 벌어지지 않도록 할 수 있을까? 단어 하나를 더 기억해두자.

'욕심.'

여기서 말하는 욕심이란 '내 말이 상대방에게 잘 전달될 것이라는 착각'을 말한다. 이 착각, 이 욕심을 버려야 대화는 행복해진다. 욕심은 별 것이 아니다. 누군가의 것을 탐내는 마음만이 욕심은 아니다. 내 생각이 상대방에게 백 퍼센트 전달된다고 믿는 것도 욕심이다. 남의 물건을 탐내는 것보다 더 추악하고 잔인한 욕심이다. 예를 들어보자.

추석이나 설날 등 명절 무렵에 친척이 오랜만에 모두 모였다. 즐겁고 편하며 정다운 대화의 현장이 떠오른다. 하지만 상대방을 향한 관심이라곤 찾아볼 수 없는 거친 말이 특히 많을 때가 바로 이때다. 오랜만에 모였으니 무슨 말을 하긴 해야겠는데 상대방을 향한 '진짜' 관심이라곤 없으니 대화는 겉돈다. 겉돌기만 하면 다행이다. 뭔가 아는 척하며 한마디 하는데 오히려 말을 듣는 상대방의 마음에 상처를 준다. 삼촌이 조카(대학 졸업반)와 이야기를 나누는 모습이다.

삼촌: 요즘 취업 준비는 잘되지?

조카: 그냥 그렇죠, 뭐.

삼촌: 그래? 요즘 취업 힘들다고 하던데.

조카: 네, 정말 그래요.

삼촌: 맞아. 우리 인철이도 간신히 이번에 취직했어.

조카: ….

  삼촌의 말은 '관심을 가장한 무관심' 아니 '관심을 가장한 자랑'이요, 상대방에게는 '관심을 가장한 폭력'이다. 도대체 이런 쓰레기 같은 말을 왜 함부로 하는 것일까. 누군가에게 상처를 준 말은 시간이 지난다고 사라지지 않는다. 그 기억은 어떤 순간에 다시 생생하게 마음의 상처를 되새기며 재생된다. 말은 그리 쉽게 타인의 마음속에서 사라지지 않는다.

  그래서일까. 명절 때만 되면 스트레스를 호소하는 사람이 많단다. 명절 스트레스는 평소의 스트레스와 달리 일순간에 집약되는 특성이 있으며, 이 때문에 화병에 걸리기도 십상이란다. 특히 누군가와 비교당하는 말을 들으면 스트레스 수준은 극에 달한다. 선의로 한 — 절대 선의가 아니지만! — 취업, 대학입학 등에 대한 말은 콤플렉스를 가진 사람에게는 최악이다. 상처를 준다. 상처는 아물더라도 큰 흉터를 남긴다. 상대방의 기분은 헤아리지 않고 기본적인 눈치조차 없는 잔인한 말이다. 그러니 누군가의 콤플렉스에는 절대 접근 금지! 잘 모르겠다면 아예 묻지도 말라, 제발!

  그러면 어떻게 하란 말인가. 상대방이 무엇에 관심이 있는지 모르겠다면 그냥 가만히 TV나 보든지, 아니면 휴대폰을 켜고 모마일 게임이나 하라. 명절이라고 무슨 말을 굳이 할 필요가 없다. 특별히 상대방을 기쁘게 하거나 흥미를 일으키는 말이 아니라면 말이다. 가만히 TV를 보는 것이 쓸데없는 명절 갈등을 일으키지 않는 차선의 방법이라고 감히 권하고 싶다. 그래도 사랑하는 친척인데 말 한마디 해야 하지 않겠느냐고? 그럼 이렇게 하라.

삼촌 : 요즘 잘 지내지? 명절에 좋은 복 많이 받아야 한다.
조카 : 네, 삼촌. 감사합니다.

이상 끝! 더 말하지 말라. 좋은 말은 정말 하기 어렵다. 이유는 간단하다. 좋은 말, 좋은 말투를 어디서 보지 못했으며 특별히 배우지도 못했기 때문이다. 그래서 조심해야 한다. 조심하는 것에서 좀 더 개선하여 자신의 말을 발견하고 싶다면 좋은 말을 찾아내서 그것을 적절할 때 활용하려고 노력해야 한다. 무작정 말하는 것만이 상대방을 향한 깊은 관심을 나타내는 것이 아니다. 오히려 말 때문에 상대방의 원한만 살 수도 있다. 상대방을 잘 모르겠는가. 그렇다면 그저 입 다물고 조용히 있는 것이 오히려 깊은 관심을 나타내는 수준 높은 말눈치다.

질문하면 상대를
알기 쉽다

질문, 쉽게 말하지만 참 어려운 주제다.

'한 사람의 지성은 하는 대답보다 하는 질문으로 판단된다'는 말이 있다. 이제 내가 지금까지 누군가에게 한 질문을 생각해본다. 질문다운 질문이었는지 가슴이 뜨끔하다. 내 얕은 지식수준을 드러낸 것은 아니었는지 부끄럽다. 지성뿐이랴. 지혜와 인격 역시 '대답'보다는 '질문'으로 판단된다. 나는 가끔 기업체에서 대화법, 커뮤니케이션 등에 관한 강연을 한다. 강연이 끝나면 질문을 받는다. 언젠가 받은 질문이다.

"강사님이 말한 A가 맞는 말인가요? 저는 그게 B라고 생각합니다.

어떻게 생각하시는지요?"

　당신이 이 질문을 받았다면 어떻게 응대했을 것인가. 참고로 A와 B 모두 맞다 틀리다 얘기하기 어렵다. 사람에 따라 다른 의견이 충분히 나올 수 있는 상황이었다. 새가 좌우 날개로 나는 것처럼 A와 B는 각각의 의미가 담긴 선택지였다. 그럼에도 나는 둘 중 하나를 고르라는 질문을 받았다.

　내가 아는 것과 상대방이 아는 것은 다르다. 또한 서로 살아온 배경도 다르다. 강연장은 일방적으로 무엇인가를 배우는 곳이 아니다. 자신이 알고 또 살아온 경험에 비추어 필요한 것은 선택해 내재화하고 아닌 것은 배제하면 되는 곳이다. 이런 공간에서 누군가에게 무엇인가를 택일하라는 질문(?)을 받으면 당혹스럽다. 질문에는 좋은 질문과 나쁜 질문이 있다는데 이것은 어쩌면 나쁜 질문이 아닐까 하는 생각이 든다. 하지만 질문을 받는 것과는 별도로 이런 질문에 대답의 기술 역시 필요하다. 예전에 나는 말눈치도 없이 '내 지식에 대한 도전'이라고 생각하여 쓸데없이 설전舌戰을 벌였다. 도대체 왜 그랬는지. 이제는 그렇게 대응하지 않는다. 어떻게 할까. 기본은 이렇다.

　'질문에 대답하지 않는다. 다시 질문할 뿐이다.'

　생각해보면 이 방식은 불특정 다수가 모인 강연에서 급작스러운 질문을 받을 때 ― 때로 약간은 적대적인 질문에 직면했을 때 ― 가장 효과적이었다. 구체적으론 이렇게 말한다.

"글쎄요. 괜찮으시다면 제가 생각한 부분에 도움을 주시겠습니까?"

"제가 어떻게 생각하면 좀 더 나은 해답을 찾을 수 있을까요?"

"선생님께서는 제가 어떤 방향으로 고민하기를 원하시는지요?"

내가 생각한 최선의 대답은 결국 질문이었다. '지혜로 향하는 첫걸음은 모든 것에 대해 질문하는 것이다'는 말이 있다. 질문에는 질문으로 대답하면서 대화를 이끌어가는 것이 커뮤니케이션을 부드럽게 하는 말눈치가 아닐까 생각한다. 상대의 생각을 재차 물어보는 질문으로 분위기가 부드러워지고, 질문자의 자기 성찰적 대답에서 성장 도구로 삼을 수 있는 수많은 통찰력을 얻으니 그 효과는 상당하다. 그래서 이제는 확신한다.

"질문에 질문하는 것이야말로 제대로 된 대답이다!"

질문이란 '알고자 하는 바를 얻기 위한 물음'을 말한다. 그냥 아무 생각 없이 묻는 것은 질문이 아니다. 알고자 하는 바를 얻기 위해 하는 것이 바로 질문이다. 그래서 질문은 중요하다. 특히 상대방과하는 대화가 힘들 때 질문으로 실마리를 찾을 수 있다. 회사원이라면 질문을 직장 상사와의 커뮤니케이션을 원활하게 하는 윤활유의 역할로 만들 수 있다.

어느 회사 임원은 "상사가 지시한 내용을 끝까지 물고 늘어지면서 수시로 일정과 진행상황을 질문하는 부하를 보면 믿음직하다.

그런 부하의 업무 결과물은 쉽게 승인한다"라고 말했다. 당연하다. 이미 질문을 받고 대답하는 과정에서 하고 싶은 말은 모두 끝났기 때문이다. 그러니 당신이 직장인이고 업무에 사사건건 상사가 소위 트집 잡기를 한다고 생각한다면 적극적으로 질문을 이용해보자.

오로지 직장에서만 질문을 활용할 수 있는 것은 아니다. 집에서도 얼마든지 좋은 관계를 위한 질문의 기술을 활용할 수 있다. 엄마가 아이와 대화를 나누는 경우를 머리에 떠올려보자. 주제는 공부다. 공부를 주제로 대화를 선정하면 사실 좋은 결론에 이르기는 힘들다. 결국 대화의 끝은 이런 경우가 대부분이다.

엄마: 알았으니까 제발 공부 좀 더해!

아이: (답답해하며) ….

엄마: 왜? 뭐가 불만이야?

아이: 엄마는 매일 공부, 공부, 잔소리야! 내가 알아서 한다니까!

이제 엄마가 말할 차례다. 어떻게 대답할까. 보통은 이렇게 말한다. "내가 다 너를 위해서 하는 말이야!"

어쩌면 대화를 끝으로 아이는 엄마와 등을 돌릴지도 모른다. 엄마는 아이와 말로 다퉜을 뿐이라고 생각하겠지만 아이는 마음을 다쳤을지도 모른다. 아이가 생각하고 느끼는 것에 엄마는 전혀 손을 대지 못했으니 말이다. 질문으로 대화를 이끌어가는 말눈치에 익숙한 엄마라면 이렇게 말한다.

"엄마가 괜한 걱정을 했나 보다. 마음이 불편했지? 너에게 맡겨두면 잘할 수 있다는 말이지?"

갑갑한 상황 속에서도 부드러운 분위기로 전환하는 말눈치 가득한 질문을 사용해야 한다. 물론 질문의 말투도 중요하다. 비꼬는 것 같아서는 안 된다. 아이의 의견을 존중하고 마음을 알아주지 못한 미안함을 따뜻하게 표현해야 한다. 어떻게 해서든지 질문이라는 형식을 이용하여 대화를 이끌어나감이 바람직하다.

질문의 기술로 하나 더 기억해야 할 것이 있다. 타이밍이다. 질문은 조금이라도 의문이 생길 때 당장 해야 한다. 질문은 '횟수(양적인 요소)'만큼 '타이밍(질적인 요소)'도 중요하기 때문이다. 직장인이라면 상사에게 업무를 지시받는 순간부터 '상사에게 무엇을 질문해야 하는가'라고 생각해야 한다. 그것이 상대의 의도를 알 수 있는 첫걸음이기 때문이다. 상대방을 모르면, 상대가 원하는 해답을 찾을 수 없다. 그러니 질문을 통해 먼저 상대를 알도록 하자.

질문에 대해 알아보는 김에 질문의 효과까지 확인해보자. 우선, 질문은 자신의 전문성을 높이는 지름길이다. 왜? 우리보다 더욱 더 전문가인 누군가의 의견을 공짜로 얻기 때문이다. 어느 업무에서 전문가라고 자부하는 우리, 조금 겸손할 필요가 있다. 리더와 직장 커뮤니케이션에 대해 인터뷰를 진행하면서 느낀 것이 있다. 리더가 잘나든 못나든 얻는 정보의 질과 양은 우리보다 낫다. 정보의 양과 질에서 차이가 있는데 어찌 우리가 가진 인맥과 정보와 생각으로 수행한 업무를 갖고 "이게 다요!"라고 할 수 있을까. 겸손이 포함된 질문이야말로 업무의 최강자, 전문가로 거듭나게 하는 보약이다.

다음으로, 질문은 면피다. 업무에 대해 상사에게 하는 지속적인 질문은 보호막이요 안전판이다. 일을 아무리 조심해서 하더라도 실수하는 경우가 있게 마련이다. 이때 계속 질문하면서 상사와 커뮤니케이션을 한 상태라면 면피가 가능하다. 물론 업무의 책임은 나 자신에게 있는 것이 당연하지만 실제로 문제가 된 경우 진정한 책임은 의사 결정권자인 상사에게로 돌아간다.

정리해보자. 커뮤니케이션의 완성, 전문성, 책임의 감소 등 조직 구성원의 성장과 발전에서 질문이라는 말눈치는 큰 도움을 준다. 질문의 효과 중 마지막으로 가장 중요한 것이 있으니, 바로 상대를 알 기회를 만든다는 점이다. 플라톤은 『향연』에서 무지가 다루기 어려운 것은 아름답고 훌륭한 자도 분별 있는 자도 아니면서 자신을 만족스럽게 여긴다는 점에 있다고 했다. 또한 자기에게 뭔가가 결여되었다고 생각하지 않는 자가 있다면, 그는 결여되었다고 생각하지 않는 그것을 욕망하지 않는다고 말했다.

'상대방을 잘 안다고' 생각하는 무지한 사람은 대화를 잘 이끌어 나갈 수 없다. 이때 상대를 모른다는 겸손에서 시작하는 질문은 상대를 더욱 잘 알 수 있는 지름길이다. 상대를 알고 싶은가? 그렇다면 질문이라는 형식에 말눈치를 더하라.

　"여쭤볼 게 있습니다."

　"하나 물어볼 게 있어요."

　"질문해도 될까요?"

분위기를 파악하는 능력이
대화 주도권을 잡는다

분위기 파악을 못하는 사람.

답답한 사람을 뜻한다. 일본에는 '공기를 읽는다'는 말이 있다. 공기란 분위기를 말하는 비유적 표현이다. 세상 어디나 사는 것은 비슷한가 보다. 한국에도 "오늘 사무실 공기가 왜 이래?"라는 말을 쓰지 않는가. 분위기 파악을 못하는 사람, 공기를 읽지 못하는 사람 모두 말눈치 없는 사람이다. 말눈치 없는 사람은 자신이 왜 사람들에게 외면받는지를 모른다. 그러면서 답답해한다. 정말 답답한 사람은 상대방인지도 모르면서 말이다.

분위기 파악을 못하는 사람 중에 대표적인 예가 목소리 큰 사람이다. 아직도 많은 사람이 성격 급하고 목소리가 큰 사람이 대화 주도권을 잡는다고 생각한다. 느긋하게 있는 사람은 손해를 본다고 여긴다. 목소리가 크지 않으면 유형, 무형의 힘이라도 강한 사람이 대화를 이끈다고 생각한다. 그래서 직급이 높은 사람이 또는 나이가 더 많은 사람이 대화 주도권을 잡는다고 여긴다. 착각이다. 목소리보다, 지위보다, 나이보다 중요한 것은 분위기를 잘 파악할 줄 아는 말눈치다.

목소리가 큰 사람, 지위가 높은 사람, 힘이 센 사람 등은 오히려 분위기를 파악하는 것에 실패할 가능성이 높다. 자신의 목소리를 믿어서, 지위를 믿어서, 힘을 믿어서 사고를 친다. 가만히 있으면 중간은 갈 텐데 그것을 못 참고 말하는 바람에 설화舌禍를 겪는 경우도 흔하다. 설익은 말로 자신의 가치를 깎는다. 다시 말해, '하지 않음만 못한 말'을 하는 바람에 가치를 스스로 깎아내린다. 언제부턴가 나는 스마트폰 배경화면을 한 글귀와 지금 막 낚시에 걸려 올라온 싱싱한 물고기 사진으로 해놓았다. 글귀는 이렇다.

"내가 입을 다물었다면, 나는 여기에 있지 않을 것이다."

굳이 말하려다가 실수할 바에는 아예 말하지 않는 것을 택하는 것도 나쁘지 않다. 말하는 것을 평생 그만두라는 말은 아니다. 단지 설익은 말을 함부로 내뱉지 말라는 뜻이다. '유능하지만 입이 가벼운 팀장', '학식은 풍부하지만 눈치가 없는 교수', '공부는 잘 하지만 말을 함부로 하는 아이' 등으로 불리기 싫다면 말이다. 말눈치 있는 사람은 조용하다. 말을 내뱉기 전에 자기반성에서 시작되는 외부 정보에 대한 면밀한 고민을 즐겨한다. 신중히 생각하고 조용히 실행하며 결국에는 성과를 만들어나간다. 그 과정에서 정리된 부분이 있다면 그때야 비로소 말로 표현한다. '급할 것 없는데도 급한 마음에 하는' 말실수 따위는 하지 않는다.

말할 때는 해야 한다. 그것은 당연하다. 우리는 표현할 수 있어야 하고 또 그래야만 한다. 그저 입만 다물고 있다면 대화 주도권을 잃어버리고 만다. 다만 대화 현장의 분위기를 파악하는 것에 소홀히 하여 말실수를 해선 안 된다는 점을 기억하자. 이를 위해서라도 상대방의 상황 파악이 중요하다. 아무리 신중하게 하는 말이라도 상대방의 상황과 배치되는 경우가 되면 문제만 생긴다. 예를 들어보자. 많은 사람이 모인 자리다. 무엇인가를 말해야 할 것만 같은 그런 분위기다. 무엇인가를 말하려고 하는 것은 좋은 시도다. 하지만 모인 사람들의 분위기를 잘 파악한 후 상황에 맞는 적절한 말을 할 줄 알아야 한다. 최악은 이런 생각이 들 때다.

'말 안 한다고 뭐라 그러기 전에 아무거나 말하자.'

이런 착각에 흔들리지 말자. 급한 생각에 설익은 말을 꺼냈다간 괜히 화만 키운다. 그러니 '무슨 말이라도 해야 해'라고 조급해하지 말자. 그보다는 다음과 같은 말눈치가 있어야 한다. 분위기를 살펴보고 내 의견을 정리하자. 그리고 말하자. 한 문장으로 잘 와닿질 않는다면 이렇게 정리하자.

하나, 분위기
둘, 생각 정리
셋, 말해보기

이제 '하나, 둘, 셋'을 마음속으로 세면서 조심스럽게 말을 시작하자. 이렇게 말하니 말하는 것이 무서울 수도 있겠다. 아니다. 그렇지 않다. 그저 적절히 상황에 따른 대화를 할 수 있다면 그것으로 충분하다. 지금까지 잘해왔을 테니 앞으로 조금만 더 개선하면 된다.

상황에 따라 조금은 뻔뻔해지는 것도 때에 따라선 괜찮은 말눈치로 인정받는다. 예를 들어보자. 팀 회식이 끝났다. 노래방에 갔다. 내가 준비한 노래는 '남행열차'다. 그런데 누군가 먼저 이 노래를 불러버렸다. 이때 '어, 내 노래를 먼저 하면 어떻게 해?'라며 답답해하기보다는, 내가 할 노래를 다른 사람이 해서 할 노래가 없다고 말하기보다는, 그럼에도 '남행열차'를 다시 불러 분위기를 이끌어나갈 수 있는 용기가 필요하다. "뭐야, 같은 노래잖아"라고 누가 툴툴거리면?

"같은 노래지만 다르게 더 잘 불러볼게요."

이런 여유, 필요하다. 혹시 노래를 엉망으로 불렀다면?

"앞에서 김 과장님이 얼마나 잘 불렀는지 비교해보시라고 불렀습니다."

어차피 노래 좀 못한다고 해서 불이익을 받지 않는다. '노래 못하는데 어쩌지?'라고 괜한 불안에 떨기보다는 음치인 자신을 당당하게 드러내는 자신감이 오히려 당신을 말눈치 있는 사람으로 평가받게 한다. 그러니 가끔은 뻔뻔하게 말하자.

엄격한 사람에게도 통하는 긍정적인 표현

웃으면 복이 와요!

　연필을 입에 물기만 해도 행복지수가 올라간다는 것을 아는가. 심리학 연구 결과이기도 하다. 단, 조건이 있다. 연필을 입으로 물 때 가로로 물어야 한다. 잘못 물면, 즉 입을 오므리고 물면 오히려 부정적인 감정이 생겨 행복지수도 하락한단다. 신기하다. 억지로 하는 긍정적인 얼굴로 내가 행복할 수 있다니. 그뿐이 아니다. 미국 한 대학교 연구팀에 따르면 보톡스 주사를 맞은 사람은 성난 표정을 지을 수 없기 때문에 화가 덜 난다. 그래서 결국에는 스트레스가 없어지고 기분까지 좋아진다고 한다. 갑자기 갈등이 생긴다.

'보톡스 주사를 맞으러 가야 하나?'

그러기는 싫다. 몸에 무엇인가 — 그것도 얼굴에! — 주삿바늘을 찌르는 것은 영 마음에 들지 않으니까. 어쨌든 집과 직장에서 받는 스트레스 때문에 행복하지 않다고 외치는 나에게 필요한 것은 소위 힐링의 도구, 책이나 음악 감상 혹은 여행이 아니라 보톡스 주사인 셈이다. 비슷한 연구는 또 있다. 책을 읽을 때 위에서 아래로 읽는 것이 좌에서 우로 읽는 것보다 더 긍정적으로 내용을 파악한다는 것이다. 과거에는 책이 위에서 아래로 써진 것도 많았다. 나이가 좀 있는 사람은 안다. '삼중당 문고.'

요즘 나오는 책의 절반 크기인데 위에서 아래로 인쇄되었다. 이 책의 편집이 우리의 행복지수에 긍정적인 영향을 미친다니 신기하다. 연구에 따르면 위에서 아래로 읽으면 자연스럽게 고개를 끄덕이고 결국 책 내용도 긍정적으로 받아들인다는 것이다. 그렇다면 가로쓰기로 된 요즘 책을 읽으면? 그렇다. 연신 머리를 도리도리하면서 읽으니 책의 내용조차 부정적, 아니 비판적으로 보는 셈이다. 글쎄, 진실 여부는 모르겠지만 귀가 솔깃하다.

연필을 세로가 아닌 가로로 물어라! 보톡스를 맞아라! 책은 위에서 아래로 읽어야 한다!

어떠한가? 믿어지는가.

믿고 안 믿고를 떠나 우리가 그만큼 긍정적이자는 말이다. 사실 이렇게 말하는 나도 부정적으로 생각하는 데 익숙했다. 솔직히 지금도 나는 좋은 것을 좋게 보지 못하는 치명적인 단점이 있다. 최근 들어 나아지긴 했지만 여전히 타인의 말과 행동에서 좋은 점보다는 잘못된 점을 찾아내는 버릇이 여전하다. 당신은 나와 같지 않기를 바랄 뿐이다. '비판적 이해 능력'만 믿고 세상에 대항하려다간 부정적인 사람, 우울한 사람, 비판적인 사람으로 매도당하기에 십상이다. 그러니 억지로 웃자, 긍정하자, 기뻐하자!

세상을 좀 편하게 보도록 하자. 생각해보라. 집 밖을 나서는 순간 세상은 온통 놀거리다. 상상하지 못하는 일이 벌어지는 놀이동산이 바로 바깥세상이다. 이 세상은 이기는 곳이 아니라 즐기는 곳이다. 물론 골방에서도 세상과 소통하는 방법을 아는 사람도 있긴 하다. 하지만 광장에 나가야 할 때는 나가야 한다. 광장에서 불화를 겪으며 고통에 시달리기도 하겠지만 아웅다웅 살아야 하는 것이 삶이라면 적극적으로 세상 밖으로 나가는 연습을 하자.

웃고 긍정하며 기뻐하는 연습을 반복해서 하자. 그래야 자기 것이 된다. 그렇게 할 곳이 마땅치 않다면 이해관계는 없지만 좋은 사람이 모인 자리를 찾아다니면서 연습하자. 예를 들어 독서 모임에 참석한다면 회사 내의 모임보다는 — 아무리 동호회라도 직급 등이 있기에 불편한 경우가 많으니 — 인터넷 동호회를 찾는 것도 좋다. 모임에 나갔다면 생각을 조금 내려놨으면 좋겠다. 모임에 맞는 말을 해보려 애쓰며 가능하면 긍정적인 말을 하도록 노력했으면 한다. 어차피 이해관계도 없고 강제성도 없으니 괜찮을 것이다. 분위기에 좀 더 익숙해지면 모임을 주도하는 것도 좋다.

생전 처음 만나는 사람들이 있는 모임에 나갔을 때 어색함을 없애는 응급 대화법 하나를 알려주고 싶다. '오늘은 무조건 내 앞의 상대방에게 멋진 점 세 가지를 말하고 와야지!'를 생각하고 나가는 것이다. 상대방이 예쁘면 예쁘다고 말하고, 상대방이 무엇인가를 자랑하면 대단하다고 응해주는 것이다. 조금만 용기를 내다보면 어느새 모임의 리더 혹은 주인공이 된 자신의 모습을 발견하지 않을까. 상대방이 엄격한 사람이든, 답답한 사람이든 관계없이 말이다.

하나 더, 이왕 긍정의 말을 하기로 했다면 꼭 기억해야 할 것이 있다. 바로 당신의 말끝이 부정적인 말투로 끝나선 곤란하다는 점이다. 예를 들어보자. 누군가를 칭찬하려고 한다. 이때 상대방이라면 당신의 칭찬이 1) 혹은 2)와 같을 때 각각 어떤 느낌이 들지 생각해보라.

1) "당신은 올해 큰 성과를 거두었습니다. 하지만 목표를 위해선 아직 긴장을 늦추지 말아야 합니다."

2) "목표를 위해선 아직 긴장을 늦추지 말아야 합니다. 하지만 당신은 올해 큰 성과를 거두었습니다."

긍정으로 시작했지만 부정으로 끝난 1)의 경우엔 느낌이 그저 그렇다. 칭찬을 가장한 독려 같다는 생각뿐이다. 하지만 부정으로 시작했지만 긍정으로 마무리한 2)는 정말로 칭찬을 받은 느낌이 든다. 그렇다. 칭찬에도 기술이 있음을 알아야 한다. 그 기술을 적극적으로 활용한다면 말눈치 있는 사람으로 좋은 평가를 받을 테다.

리액션만 잘해도
절반 이상 성공한 것

인격은 나타나지 않는다. 하지만 성격은 나타난다. 타인은 외부로 표현된 성격으로 인격을 추측한다. 그래서 우리는 가끔 연기자가 될 필요가 있다. 삶의 현장이 무대라면 우리는 그 위의 연기자라고 생각해야 한다. 그래서 우리에게 필요한 것은 연기다. 그것이 말이든 행동이든 관계없이 말이다.

연기를 잘하는 사람은 '리액션reaction'에 능하다고 한다. 리+액션 re+action을 알기 위해서 우선 액션action부터 살펴보자. 액션이란 어떤 목적이나 문제 해결을 위한 행동이다. 내용 중 '목적'에 주목하자. 액션에는 목적이 있다. 해결해야 할 무엇인가가 있는 것이다. 그 무엇은 아마 우리가 얻기를 원하는 그것이 아닐까 한다.

그렇다면 리액션의 뜻은 무엇인가. '반응, 반작용' 혹은 '(특히 위험에 재빨리 대처하는) 반응 능력'이다. 즉, 리액션은 상대방의 액션에 대한 반응 능력이다. 대화에도 리액션이 필요하다. 대화 역시 목적이 있는 행동이니 말이다. 그래서 대화는 어떤 목적이나 문제 해결을 위한 말이라고 봐야 한다. 대화를 리토크retalk로 봐도 괜찮겠다.

두 사람이 만나서 대화한다면 목적이 있는 것이 당연하다. "우리는 그냥 편하게 앉아서 대화할 뿐이야!"라고 반문할 수도 있지만 그역시 편하게 있기 위한 목적으로 대화하는 것이다. 우리 일상 모든 장면에는 의미가 있고 목적이 있다. 언젠가 이런 질문을 받았다.

"제가 막내로 한 프로젝트를 상사와 선배와 함께하고 있습니다. 밝고 호감 가는 이미지를 주려는데 어떻게 대화에 끼어들고 어떤 말을 하는 게 좋을까요?"

나는 이렇게 말했다.

"섣불리 끼어들지 마세요. 그냥 추임새만 잘하려고 하세요. '액션에 대한 리액션의 힘'이라고 생각하세요. 이때 꼭 기억해야 할 게 있습니다. 세상 모든 사람의 말과 행동을 보고 할 수 있는 리액션은 단하나, 긍정입니다. 상대의 말이 틀렸다고 해도 앞에서는 고개를 끄덕일 줄 알아야 합니다. 상사건, 동료건, 후배건 관계없습니다. 그냥 고개를 '끄덕'하면 됩니다. 세상에서 제일 재수 없는 사람이 되고 싶으세요? 그렇다면 상대의 말이 틀렸을 때 틀렸다고 냉정하게 지적하면 됩니다. 정리해볼게요. 당신이 가장 막내라면, 귀여움받을 짓에 충실하세요. 나서지 말고, 끼어들지 말며, 선배의 말에 긍정적으로 리액션 하기, 오케이?"

돌아가신 고 김수환 추기경의 일화가 기억난다. 추기경께서 언젠가 한 수녀원에서 강연했단다. 그런데 강연을 듣는 수녀님들의 리액션이 장난이 아니었나 보다. "우와!", "네!", "그렇군요!" 강연이 끝나고 추기경께선 이렇게 말씀하셨다.

"수녀님들이 하도 맞장구를 잘 치는 바람에 제가 속에 있는 얘기를 모두 꺼내놓게 되었네요. 게다가 다음에 또 오겠다는 약속까지…."

그렇다. 리액션은 상대의 마음속에 있는 모든 것을 기쁘게 끌어내게 만드는 마법의 묘약이다.

'포커페이스'란 말이 있다. 속마음을 나타내지 아니하고 무표정하게 있는 얼굴이라는 의미로, 포커를 할 때 가진 카드의 좋고 나쁨을 상대편이 말눈치 채지 못하도록 표정을 바꾸지 않는 데서 유래한다. 물론 카드 게임 등 마음을 들키지 않는 것이 필요한 상황에서는 이런 얼굴을 갖는 것도 중요하다.

하지만 대화에서 포커페이스로 일관하는 사람을 친근하게 볼 사람은 별로 없다. 대화는 최선을 다해 상대방에게 자신의 매력을 드러내는 시도다. 누군가와 소통으로 조화를 이루려면, 삶의 무대에서 멋진 연기에 성공하려면 상대방에게 집중하는 모습을 보여줘야 한다. 그것을 위해서라도 상대의 말에 적극적으로 리액션을 할 수 있어야 한다.

사실 리액션은 일상 대화에서도 적극적으로 활용할 수 있다. 다만 약간의 조심은 필요하다. 예를 들어보자. 후배가 당신을 찾아왔다. 그리고 하소연한다.

"제가 기획한 워크숍이 팀장님 마음에 들지 않았나 봐요. 화를 내면서 저를 꾸짖으셨어요. 꼭 바보가 된 기분이었어요."

이때 당신이라면 어떻게 대답할까?

① "직장 생활 다 그래. 뭐, 그런 것 갖고 징징대는 거야?"

② "뭐가 문제였냐고 따져 물어야지!"

③ "힘들었겠다."

리액션에 능한 당신이라면 ③을 골라야 한다. 가능하면 있는 그대로 상대방을 긍정하는 것이 리액션의 정답이다. 정답을 주겠다고 당신의 생각을 섣불리 말하려 하지 말자. 그것보다는 가벼운 리액션으로 공감 지수를 우선 높이는 편이 대화를 잘 이끌어나갈 수 있는 말눈치다.

긍정에 대해 하나 더 알아보자. 상대방의 자신감을 높이는 방법이다. 사람은 타인의 설득으로 자신을 평가하는 경우가 많다. 이때 긍정의 기대감을 받으면 스스로 자신감을 얻고 모든 것을 용기 있게 받아들인다. 이를 대화의 장면에 응용해볼 수 있다. 누군가에게 자신감을 주고 싶다면 긍정적인 과거를 머리에 떠올릴 수 있도록 하면 된다. 이를테면 이렇게 말이다.

"지금까지 경험한 일 중에서 가장 성공한 경험을 얘기해주시겠습니까?"

"지난 경험 중에서 가장 행복한 순간을 기억하십니까?"

"가장 사랑받은 순간은 언제였는지요?"

말이란 상대방을 살리는 아름다운 도구로 사용할 수 있다. 이 도구를 군이 부정적인 질문으로 더럽히지 말자. 세상이 긍정의 꽃으로 가득 채워질 때 나 역시 행복할 수 있을 테니 말이다.

상호성의 원리 :
다른 사람과 다투는 이유는 따로 있다

들어주지 않으면서 왜 들어주지 않느냐고 투덜대는 것만큼 어리석은 일이 있을까. 하나 더, 잘 듣지도 않으면서 무슨 말을 하려고 애쓰는 것만큼 무모한 짓이 또 있을까.

'잘못됐으니 잘못됐다고 말해줘야 한다'라고 생각하는 사람이 혹시 당신이라면 특히 주의하길 바란다. 당신은 분석적인 사람이다. 논리에 철저한 사람일 수도 있겠다. 하지만 가끔은 치명적인 실수를 한다. 당신의 특징, 즉 자기반성을 즐기는 만큼 타인의 잘못에도 철저하기 때문에 문제를 일으킨다. 타인도 당신처럼 스스로 반성하기를 즐길 줄 안다. 결국 타인의 문제점에 이런저런 말을 생각해서 하고는 욕만 실컷 얻어먹는다. 이렇게.

"네가 뭔데 '충고질'이야!"

『논어』에 나오는 말이 있다. "자유왈 사군삭 사욕의 붕우삭 사소의 子遊曰 事君數, 斯辱矣, 朋友數, 斯疏矣."

해석하면 '임금을 섬기면서 간언을 자주 하면 이에 욕을 당하고, 친구를 사귀면서 충고를 자주 하면 이에 사이가 멀어진다'는 뜻이다. 당신이 신하라고 해보자. 임금을 섬기면서 간언諫言, 즉 '웃어른이나 임금에게 옳지 못하거나 잘못된 일을 고치도록 하는 말'을 자주 해서 당신에게 돌아올 것이 무엇일까. 결국 내침을 당하거나 죽음에 이르지 않을까. 친구 관계도 마찬가지다. 내가 진심을 담아서 충고한다고 하더라도 반복되면 듣기 싫은 말일 뿐이다. 남의 눈에 있는 티끌만 보는 것에 익숙한 순간 꼰대 혹은 나쁜 놈 소리 듣기 딱 좋다.

말눈치가 있어야 한다. 세상에서 가장 우월한 나가 되고 싶은 욕망을 자제해야 한다. 자신의 보호벽을 오만으로 세우거나 유명해지고 싶은 욕구를 갖는 순간, 타인에게 차갑고 냉정한 '잘못 가리기식'으로 말할 가능성이 높다. 그래서 조심해야 한다. 타인을 평가하고 싶은 말, 타인에게 충고하고 싶은 말은 어쩌면 자기 자신을 위해 타인의 자존감을 깎아내리는 냉정한 말일 수도 있다.

유명해지고 싶은가? 타인의 잘못을 지적하고 싶은가? 그렇다면 누군가의 희생이 필요할 수도 있겠다.

하지만 오직 유명해지고 싶다는 이유로, 당신 말이 큰 영향력을 발휘하게 하고 싶다는 이유로 타인을 깎아내리고 희생양으로 삼으면서까지 살고 싶은가.

누군가를 짓밟고 깎아내릴수록 자신이 더 높아진다고 여기는 오만을 꼭 가져야만 할까. 이를테면 직장에서 갓 리더가 된 사람들은 조심해야 한다. 그들은 갑작스러운 지위의 무게를 즐기며 타인을 심판하려 든다. 완벽주의를 내세우고, 권력에 집착한다. 정도가 심한 사람은 우쭐하고 안하무인의 얼굴을 한다. 사실 그 뒤에는 부서지기 쉬운 자존감과 열등감에 수치스러워하며 숨고 싶어 하면서 말이다. 이런 사람은 대화할 때 겸손을 늘 머리에 떠올리는 연습을 해야 한다. 다음 문장을 기억하라.

"다른 사람보다 빛을 발하지 않겠다!"

물론 쉽지 않다. 사람의 기질이 원래 그렇다면 고치기 쉽겠는가. 자신의 기질로 살면서 타인의 특성을 받아들이려는 노력은 당연히 쉽지 않다. 하지만 타인의 말을 잘 들어주는 것, 한 번 더 생각하고 겸손하게 말하는 것은 상호성의 원리에서 봤을 때도 매우 중요하다. 내 말이 아무리 옳아도 상대의 말에 귀를 기울이고 겸손하게 말하는 말눈치 정도는 꼭 있으면 좋겠다. 직장 생활의 대화 장면을 예로 들어보자.

회의 시간이다. 누군가의 말이 잘못되었다. 당신이 그것을 알았다. 어떻게 말할 것인가. 고자질해야 하는가. 아니다. 당신의 지적 우월을 나타내고 싶지 않다면 말이다. 어떻게 해야 할까. 정답은 이렇다.

'긍정의 관점에서 가능하면 간결하고 짧게 말한다.'

생각이 많은 사람, 분석적인 사람은 길게 설명하려는 경향이 있다. 그런 대화법을 이제 버려야 한다. 그저 상대방에게 '절대 긍정'의 관점에서 말할 수 있도록 하자. 무의식적으로 상처 주는 말을 하고도 상처의 깊이에 관심이 없는 사람으로 취급받아선 곤란하다. 그러니 이 정도는 말할 수 있으면 괜찮겠다.

"좋은 의견입니다. 저는 김 대리님의 말에 보충해서 하나만 더 말씀드리겠습니다."

'잘못된 생각을 고쳐주어야 하는데'라는 생각에서 벗어나자. 그저 '상대가 잘못 말한 것이 아니라 나와 다를 뿐이다'고 여유 있게 받아들이면 된다. 상대의 말을 긍정하고 자신의 말을 보태면 된다. 이렇게 상대의 생각과 말을 여유 있게 받아들이는 순간 당신의 말눈치는 빛을 본다.

직장만일까. 가정의 대화 장면에서도 마찬가지다. 가끔 부모의 대화법을 다루는 강연을 할 때가 있다. 이때 앞자리에 앉은 부모와 이렇게 문답식으로 이야기를 나눈다.

"아이와 대화하는가요?

"네, 그렇습니다."

"그렇다면 하루에 어느 정도 대화하는지요?"

"30분 정도 해요."

"어떤 대화를 하나요?"

"글쎄요, 이런저런…."

이때 나는 이렇게 대화를 끝맺는다.

"힌트를 드릴게요. 아이와 매일 30분을 대화한다면 오늘부터 그중 10분은 오로지 아이의 장점에 대해서만 얘기해보세요."

긍정의 관점에서 아이의 장점만 이야기한다는 것은 상호성의 원리 측면에서도 탁월하다. 아이의 장점에 귀를 기울이는 순간 아이 역시 내 말을 듣고 싶어 하기 때문이다. 세상은 누군가의 장점 혹은 강점을 말하는 데 인색하다. 그런 순간에 바로 당신이 장점과 강점을 아낌없이 말해준다면, 상대가 자신의 장점을 이야기할 수 있도록 유도한다면 대화는 여유롭고 행복하지 않을까.

03

공감하는
말눈치가
필요할 때

공통점을 찾으면
대화가 편안하다

자기주장이 강한 사람이 있다.

내적 논리가 확실하다. 타인의 말에 논리가 없다면 무시한다. 자기 원칙과 관심사에만 철저히 몰입하기 때문에 공감 능력이 부족하다는 말을 듣는다. 그래서일까. 불이익을 받을 때가 많다. 이 사람이 당신이라면 얼마나 억울한가. 누군가가 인간관계에서 공감을 얻는 데 능하다는 말을 들을 때, 정작 자신은 공감 능력이 부족하다며 다가서기가 어렵다는 말을 듣는다는 사실은 안타깝다.

어떻게 해야 할까. 다른 사람에게 공감할 줄 아는 말눈치 능력의 향상이 필수다. 구체적으로 예를 들어보자. 상대방과 자신의 공통점을 악착같이 찾아보자. 만약 찾았다면 그 점을 말로 표현해야 한다. 그럼 된다. 타인과 공감할 줄 아는 말눈치의 기본을 형성한 셈이다. 다시 한번 요약해보자.

1단계: 타인과의 공통점 찾기
2단계: 찾아낸 공통점을 타인에게 말로 표현하기

전혀 어려울 것이 없어 보인다. 그런데 이것이 그리 만만치 않다. 특히 어려운 점은 생각으로는 공감한다고 하더라도 말로 표현하는 데 어려움을 느끼는 경우다. 하지만 표현하지 않으면 아무 소용없다. 즉, 아무리 타인을 공감한다 해도 별다른 의미가 없다. 표현하지 않으면 오해를 산다. 냉정해 보인다는 말만 듣는다. 그러니 상대방과 자신의 공통점을 찾아낸 것에 그치지 말고 소통 방식을 고민하자. 편안한 대화로 향하는 지름길이니까 말이다.

내가 조직의 리더 역할을 하던 때다. 나는 구성원의 자율성을 최대한 살려주고 싶었다. 위에서 내려오는 지시 사항 중에서 내가 해결할 수 있는 것은 최대한 알아서 하려 했다. 구성원이 자신의 일에 몰두할 수 있도록 하고 싶었다. 예전에 일 같지도 않은 일을 해야 하는 불합리성에 답답해했기에 부서의 구성원에겐 그것을 없애주고 싶었다.

예를 들면 이런 것이었다. 불필요한 회의를 줄이고 싶어서 대체할 수 있는 소통 수단을 마련했다. 이메일과 문자 메시지 등을 적극적으로 활용하는 것이었다. 회의를 줄이고 불필요한 만남을 없애면 구성원이 자신의 전문성으로 최대 성과를 내리라 믿었다. 그러던 어느 날 회식 자리였다. 회식이 한창 무르익어 즐거운 이야기가 오갈 때였다. 구성원 중 한 친구가 내 옆에 슬며시 다가왔다. 그러더니 "팀장님, 말씀드릴 게 있는데요"라고 말했다. "응? 말해봐. 뭔데?"라고 했더니 돌아온 대답은 이랬다.

"팀장님이 보내시는 이메일이 너무 차갑게 느껴집니다."

충격받았다. 얘기를 나눠보니 나는 이때까지 혼자만의 소통 방식을 주장해왔다. 후배는 이메일이나 메시지에서 배려보다는 차가움을 느꼈다. 어떤 소통 방식이 우리 조직에 어울리는지를 생각하지도 않은 채 독단적인 방법을 강요한 내 실책이었다. 어떤 공감대도 형성되지 않는 소통 방식을 만들어놓고선 스스로 만족해한 자신이 부끄러웠다.

나는 나 자신을 논리적이라고 믿는 사람이다. 즉흥적인 성격의 말보다는 고민하고 정리해서 표현하는 글을 더욱 선호한다. 하지만 그것은 오직 나에게만 좋은 방식일 뿐이다. 모든 사람이 나와 같지 않음을 의도적으로 무시한 경솔함이 근원이었다. 글이 얼마나 상대방에게 상처를 줄 수 있는지 깊게 생각하지 않았다. 공감이 포함된 생각과 편한 자리에서 나눈 대화가 선행되지 않은 글이 차갑고 냉정하게 느껴질 줄 몰랐다.

글로 소통을 시도할 때는 자신의 글이 언어로서 온도를 따뜻하게 유지하는지 두 번 세 번 고민해봐야 했다. 그저 웃음 이모티콘 몇 개로 글의 차가움이 사라지지 않는다. 오로지 글로 하는 소통을 고집하기보다는 공감대가 형성된 대화를 우선했어야 했다. 나는 그것을 잘 몰랐다. 섣불리 논리적인 글로 소통하려다가 오히려 조직 구성원의 불만만 산 셈이었다. '생각은 현자처럼 하되 평범한 사람의 언어로 소통하라'는 말도 있는데, 생각은 평범했으면서도 소통 방식은 현자처럼 해보겠다고 서두른 결과는 악영향으로 돌아왔다. 말눈치의 부재로 겪은 커뮤니케이션 참사가 아닐 수 없다.

리더인 나와 팀원들 사이에서 공통점을 찾아내려고 노력했다면, 그래서 모든 구성원이 공감하는 소통 방식을 선정하고 대화를 시작했다면 오해와 반감은 없을 터였다. 그런 과정 없이 오로지 나 자신의 생각만으로 타인에게 소통 방식을 강요하는 것은 다른 유형의 대화 폭력임을 몰랐다. 이런 상황 속에서 '우리 부서는 대화를 편안하게 한다'라고 생각했으니 어처구니없는 일이다.

내 실수를 당신이 이어받지 않았으면 한다. 타인과 공감하는 연습, 세상 사람에게 다가서는 연습을 게을리하지 말자. 타인의 상황에 자신의 감정을 이입해서 — 물론 어렵겠지만 최대한의 노력은 해야 한다 — 공감하는 훈련을 하자. 그리고 대화를 섣불리 시작하기에 앞서 나와 대화 상대방의 공통점이 무엇인지 고민하자. 이는 누군가와 편안하게 대화하기 위한 기본 말눈치다.

"그럴 수 있겠다"가 주는
놀라운 힘

마음의 근육을 키울 것!

상실을 겪는다. 슬픔을 맞는다. 실의에 빠진다. 이럴 때 우리를 지켜주는 것은 반성적 성찰에서 시작되는 '그럴 수 있겠다'는 마음의 힘이다. 그것이 누군가에게 버림받은 일이더라도, 천재지변과 같이 어쩔 수 없는 일이더라도 '그럴 수 있겠다'는 마음가짐은 세상을 잘 살아가게 한다.

이런 마음가짐은 포용이 전제되어야 한다. '포용'은 사전에서 찾아보면 "남을 너그럽게 감싸 주거나 받아들임"이라는 뜻이다. 하나 더 보태자. 남뿐만이 아니라 나 자신도 너그럽게 감싸주거나 받아들이는 것을 포용이라고 생각하자. 포용은 나와 남 모두를 긍정하는 삶의 기술이다. 이것 하나만으로도 우리는 누구보다 행복에 가까워질 수 있다.

포용은 힘을 가진 자, 권력이 있는 자, 지위가 높은 자에게 더욱 필요하다. 약자가 자신을 괴롭히는 사람에게 '그럴 수도 있겠다'며 포용력을 발휘하는 것도 중요하다. 하지만 그것보다는 힘 있는 사람이 자신을 어려워하는 사람을 '그럴 수 있겠다'는 마음으로 보는 것이 좀 더 나은 세상을 만든다.

나를 사랑하거나 내가 사랑해야 하는 사람이 혹시라도 나를 어려워한다면 내 몸짓을 다시 살펴봐야 한다. 무례한 행동과 말에 상대는 마음을 다치기 쉽다. 그 사람이 떠나고 나서 아쉬워하기 전에 먼저 적극적으로 긍정하자. 떠난 후에 후회했을 때는 이미 늦었다. 예를 들어보자.

당신이 조직 리더라고 해보자. 당신의 몸짓이 부하 직원에게 어떤 영향을 주는지 아는가. 많은 리더가 말로는 소통을 외치지만 몸짓으로는 불통을 유발하는 경우가 많다. 부하 직원이 당신과 말을 섞지 않으려고 하는 이유를 모르겠다고 투덜대기 전에 자신의 몸짓을 먼저 되돌아봐야 한다. 당신이 누군가와 얘기할 때 혹시 이렇게 하지 않는가. 체크해보라.

√ 팔짱 끼고 바라보기

√ 회의 시간에 볼펜 등으로 책상을 신경질적으로 탁탁 치기

√ 갑작스러운 한숨 쉬기

√ 부하 직원이 보고할 때 딴청부리며 스마트폰 보기

√ 소위 '썩소'라고 부르는 기분 나쁜 표정 짓기

이 모든 것은 부하 직원이 당신에게 다가가기 어렵게 만드는 '보디랭귀지'다. 리더가 몸짓으로 부하 직원의 접근을 막아놓고는 '왜 우리 부서는 소통이 힘든 거지'라고 한탄해서는 안 된다. 당신의 몸짓은 지금 무엇을 보여주는가. 이를 '몸눈치'라고 하면 어떨까. 말눈치만큼 중요한 단어로 몸눈치가 있다고 생각하자. 내 몸눈치가 어떤지 늘 고민해야 한다.

물론 안다. 이런 행동을 의도해서 하는 것은 아님을 말이다. 하지만 리더라면 조금 달라야 한다. 타인을 한 번 더 포용할 수 있는 힘을 갖춰야 한다. 타인을 포용한 후 적절한 말로 표현하는 말눈치와 따뜻한 행동으로 나타내는 몸눈치 모두가 리더에겐 요구된다. 자기 자신과 조직을 위해 자신을 바꾸는 일, 조직 분위기가 달라지도록 노력하는 일을 두려워하지 말아야 한다.

행복은 전염된다는 많은 연구 결과가 있다. 행복한 동료, 배우자, 형제자매와 어울리는 사람이 행복할 확률은 그렇지 않은 사람보다

20퍼센트 이상 높다는 결과를 보았다. 불행도 마찬가지로 전염된다. 행복을 주는가, 아니면 불행을 전파하는가. 조직의 리더인 당신이 주위 사람에게 상처를 주는 바로 그 순간, 조직의 소통은 불가능하다. 불행 유발자인 셈이다.

마음을 조금 너그럽게 갖자. 당신보다 못한 사람 — 사실 못한 것도 아니다. 그저 나이가 어리고, 아직 직급이 낮을 뿐이다 — 을 향해 따뜻한 시선을 잊지 말았으면 좋겠다. 그들도 누군가의 자식이며 부모이다. 아주 잠깐이라도 말과 행동을 표현하기 전에 포용이라는 단어 하나쯤은 기억하면 좋겠다. 말이나 몸짓 하나라도 부하 직원에게, 자녀에게, 그리고 수없이 많은 세상의 약자에게 '그래, 그럴 수도 있겠다'며 따뜻한 '신호'를 주는 말눈치 그리고 몸눈치가 필요한 때다.

때로는 말보다
눈빛이 더 중요하다

"I see you."

영화 아바타에 나온 명대사다.

"나는 당신을 봅니다."

'보다 see'는 단순히 본다는 의미를 넘어선다. 보는 것은 느끼는 것이다. 느낀 후엔 대상의 본질을 이해하는 것으로 확장된다. 관심, 호감, 사랑 등등의 의미가 복합되며 모든 관계의 시작이자 마지막이라는 뜻이기도 하다.

나는 개인적으로 명함을 만드는 것을 좋아한다. 회사 명함이 있지만 함께 책을 읽고 토론하는 사람들에게 인사할 때 주는 명함은 따로 있다. 앞면에는 이름과 전화번호만 달랑 적어놨다. 뒷면엔? 이렇게 써놨다.

"보고, 듣고, 느끼고, 인정하고, 반성하고 그리고 나서야 비로소 말하는 사람."

이 명함을 초등학교 동창에게 주니 깔깔대며 웃는다. 왜 그러냐니까 '너랑 너무 다른 사람 아니냐'며 타박한다. 나는 말했다.

"맞아. 이런 사람이 되고 싶어서 써넣은 거야!"

내 명함 뒷면에서도 첫 번째가 '보고'다. 말과 글, 그리고 대화를 나름대로 수년 동안 연구해오면서 '본다'는 것이 참으로 중요하다는 것을 느꼈다. 나를 향한 누군가의 따뜻한 시선이 대화의 공간을 가득 채울 때 느낀 위로의 순간이 기억난다. 반대로 상대방에게 시선 한 번 주지 않아서 오해가 생기고 불신이 싹트며 분노를 유발하는 경우를 수도 없이 봐왔다. 그래서 더욱 '본다'는 것에 의미를 두고 싶다.

말로 모든 것을 해결하려고 하지는 않은가. 말보다 눈빛이 훨씬 더 중요하다. 그러니 'I see you'를 삶에 체화하려고 대화 속에 녹아내리려고 늘 신중하고 진지하게 노력해야 한다. 상대방과의 소통에서도 옳은지 그른지 해답을 찾으려 서두르기보다는 따뜻한 눈빛부터 주는 것이 먼저다. 이런 생각에서 직장을 다니는 친구에게 — 특히 젊은 후배에게 — 꼭 해주는 말이 있다.

"남이 어색해할 정도로 먼저 인사하라."

인사는 '눈빛'이다. 서로 바라봄의 시작이다. 인사는 시작이요 끝이다. 입에서 나오는 말이 어렵다면 행동으로 인사만이라도 잘해보려고 노력했으면 좋겠다. 말이 술술 나오게 하는 마법이자 상대방이 당신의 말을 들을 준비하도록 하는 비결이기도 하다. 말하기 조심스러워하는 사람에겐 특히 편하게 사용할 수 있는 '아이스 브레이킹' 도구라고 강력히 추천한다. "애들도 아니고 인사는 무슨?"이라고 투덜대는 당신의 모습이 보인다. 하지만 주위를 잘 보라. 생각보다 인사를 잘하는 사람은 그리 많지 않다. 예를 들어보자.

당신은 어느 부서의 대리다. 당신 위로는 부장, 팀장, 과장이 있고, 아래로는 신입 사원이 있다. 오늘 당신이 가장 마지막으로 출근했다. 누구에게 인사할 것인가.

① 부장

② 팀장

③ 과장

④ 신입사원

정답은 ①인가? 아니다. 정답은 모두에게다. 획 사람들을 쳐다보고는 '기어들어 가는 목소리로' 하는 '안녕하세요'는 이제 거부하라.

한 사람, 한 사람에게 다가가 눈을 쳐다보면서 인사해야 한다.

"부장님 안녕하세요."

"팀장님 안녕하세요."

"과장님 안녕하세요."

"민영 씨 안녕하세요."

그렇다. 인사는 모두에게 해야 한다. 그것이 말눈치가 있는 사람이 하는 커뮤니케이션 방법이다. 눈빛을 주고받아야 한다. 상대방에게 친근감을 잘 표현하지 못한다고 스스로 생각한다면 좀 더 노력하자. 괜한 걱정하지 말자. 인맥 형성을 은밀한 사적 거래로 생각하는 사람들이 그렇다. 괜히 인사하는 것을 어려워한다. 그렇지 않다. 인사는 기본 매너다. 이를 소홀히 할 이유는 없다.

가만히 있으면 세상 사람 누구도 알아서 잘 봐주지 않는다. 이런 상황에서 인사는 매우 적극적인 행위다. 상대방이 아는 체하기 전에 먼저 눈빛을 보내는 것, 그 사람이 웃음 짓기 전에 내가 먼저 미소를 머금는 것은 우리가 꼭 가져야 할 커뮤니케이션의 기본 예의다. 인사조차 제대로 하지 못하면서 내 말이 잘 전달되기를 바란다면 그것은 건방짐이요 게으름일 뿐이다. 누구는 다시 만나자는 기약의 인사에 능숙한데 정작 당신은 다시는 만나지 말자는 투의 인사에 익숙하다면 안타까운 일 아닌가.

사회생활을 나름대로 오랜 시간 하다 보니 이젠 조직에서 고위직으로 승진하는 사람과 그렇지 못한 사람의 차이를 안다. 승자와 패자를 기준은 능력이나 지식이 아니었다. 승자건 패자건 생각해보면 모두 비슷비슷했다. 정작 중요한 것은 후배, 동료, 그리고 선배에게 받는 신뢰의 수준과 커뮤니케이션의 능력이었다. 사람의 신뢰를 얻는 말눈치에 능숙한 사람은 시간이 갈수록 얻는 것이 많았다.

직장 생활을 하는 사람이 자주 하는 인사 방법의 하나로 악수에 대해서도 얘기해보자. 악수도 마찬가지다. 악수할 때는 상대방이 내민 손을 보는 것이 아니다. 상대방의 눈을 봐야 한다. 하나 더, 제대로 잡아라. 어떤 사람은 악수할 때 나름대로 상대를 배려한다고 손을 아프지 않게 '살짝' 잡는다. 실수다! 누군가 말했다.

"악수는 '꽉'이다."

그렇다. 악수하는 손에 힘을 줘라. 손을 아프게 하라는 말이 아니다. 최소한 상대방이 당신의 손을 잡았는지 안 잡았는지 모를 정도로 살짝 잡아서는 곤란하다. 악수를 꽉 잡지 않는다고 자신감이 부족한 사람으로 치부하는 경우가 있을까. 외국계 회사에서 임원으로 지낸 한국 여성은 누군가와 악수하는 것만으로도 성격을 파악할 수 있다고 말했다. '악수하는 손에 힘이 없는 사람을 만나면 그 사람이 다른 일에서도 자신감이 없어 보인다'고까지 말했다.

'첫인상을 결정짓는 두 번의 기회는 없다'는 말이 있다. 그렇다면 처음 만나는 사람과 악수할 기회가 생기면 상대방의 입에서 "악!"

소리가 나올 정도로 꽉 잡아버리는 것을 권한다. 물론 눈은 상대방의 눈을 향해야 한다. 생각해보라. 악수 하나 때문에 저평가를 받는다면 얼마나 딱한 일인가. 세상에 자신을 처음 보여주는 자리라고 생각하면서 자신감 넘치는 악수를 아끼지 말자.

지금까지 타인을 만날 때 어떻게 해야 하는지에 대해 눈빛, 악수 등을 예로 들어 이야기했다. 너무 외부 지향적인 커뮤니케이션 기술 아닌가 하면서 힘들어할 수도 있지만 이는 기본이다. 그리고 오직 타인을 바라보는 것에만 몰두해서도 곤란하다. 자기 자신의 가치를 소중히 여기는, 즉 자존감을 중시여기는 기질을 버릴 이유는 없다. 자기 자신을 어렵고 높은 사람으로 봐주길 바라는 욕망을 조금만 덜어낼 정도면 된다. 지나친 자기 비하는 옳지 않다. 자기를 아끼는 마음가짐은 복잡하고 혼란한 현대사회에서 자기 정체성을 잃지 않게 하는 소중한 자산이기 때문이다.

남을 보기 전에 나 자신을 잘 보는 능력, 즉 'I see you' 이상으로 중요한 'I see me'의 가치를 소중하게 여길 줄 아는 사람이 되길 바란다. 자존감은 격변하는 세상에서 흔들리지 않고 자기 자신을 돌볼 줄 아는 지혜니 말이다. "자존감은 모든 미덕의 초석이다"라는 말도 있지 않은가. 부드러우면서도 강한 눈빛 이상으로 자신을 바라보는 따뜻한 마음도 잃지 말자.

상대방이 원하는 것은
소통하는 느낌이다

다른 사람의 생각에 관심을 두는 것만큼 소통에서 중요한 일이 있을까.

어쩌면 당연한 일인데 중요하다는 것은 우리가 그렇게 못한다는 말과도 같다. 다른 사람의 생각을 들여다볼 여유가 없다고 아우성치는 현대인에게 주어진 과제다. 타인에게 제대로 된 관심을 기울이는 것을 힘들어하다 보니 역설적으로 다른 사람에 관심을 두는 것에 능숙한 사람은 인간관계를 극적으로 개선할 수 있는 능력을 갖춘 셈이다. 자기계발 분야의 선구자 데일 카네기는 말했다.

"다른 사람이 당신에게 관심을 갖게 만들면서 2년을 보내는 것보다 당신이 다른 사람에게 관심을 가지면서 2달을 보내는 것이 훨씬 많은 친구를 사귀게 한다."

이 말은 다른 사람의 관심을 끌려고 나를 내세우는 것보다는 내가 먼저 다른 사람에게 관심을 주는 것이 사람을 사귈 때 훨씬 효과적임을 말해준다. 효과적인 것은 알겠는데 실제로 이렇게 행동하기가 쉽지 않다. 이유는 단순하다. 사람은 '내가 한 수 위'라는 경쟁심에 매몰되어 생활하는 경우가 많기 때문이다. 일종의 잘난 척이라고 해야 할까. 이를 극복하지 않고서 무작정 내 장점을 타인에게 강요해서는 인간관계를 개선하기 어렵다.

말도 마찬가지다. '내가 맞다'는 관점에서만 말하다 보니 결국 소통은 어려워진다. 상대방도 최소한의 소통을 하는 느낌은 받아야 하는데 우리는 최소한도 하지 않은 채 무작정 내 말만 늘어놓는다. 상대방이 원하는 것을 알려고 하지 않은 상태에서 오로지 자신이 원하는 것만 주장하다 보니 소통은 불통이 되고 인간관계는 멀어진다. 관계에 문제가 있으면 자신을 돌아보지 않고 타인의 생각이나 행동에서 잘못을 찾아내는 것에만 관심을 쏟는다.

말은 느낌이다. 대화를 잘하고 싶다면 상대방이 나와 소통한다는 '느낌'을 얻도록 노력해야 한다. 이 느낌을 위해 우리에게 필요한 것이 말눈치다. 누군가는 '내가 울어야 하는 상황인데 그가 대신 울어준다는 느낌에 마음이 따뜻해졌다'는 말을 했다. 이 정도의 말눈치라면 세상 어느 곳에서라도 인간관계 하나만큼은 잘하는 사람으로 인정받지 않을까.

물론 안다. 세상을 바라보는 말눈치로 하루하루가 피곤한 사람이 너무나 많다는 것을. 직장에 출근하면 가장 먼저 해야 할 것은 상사의 기분 파악이다. 내가 해야 할 일보다 인사고과를 좌우하는 팀장의 기쁨 혹은 우울함에 따라 하루를 시작해야 한다는 것은 얼마나 괴로운 일인가. 당신의 눈이 피로한 것은 노트북 때문이 아니라 상사 때문인 것은 참으로 안타깝다. 그럼에도 어쩌면 그렇기 때문에 말눈치가 더욱 필요하지 않을까 생각한다.

그러니 대화의 과정에서 나와 상대방이 소통하는 느낌을 서로 맞볼 수 있도록 환경을 만드는 것에 게을러서는 곤란하다. 물론 노력의 주체는 상대방이 아닌 바로 나다. 대화가 잘되지 않으면 남을 탓하기 이전에 자신을 혹독하게 비판할 줄 아는 힘이 있어야 한다. 지나칠 정도의 무한 책임을 지라는 말은 아니다. 최소한 남 탓을 하기 전에 내 탓을 단 한 번이라도 고민해보라는 얘기다.

관계를 맺는 것을 어려워하는 사람이 있다. 관계를 맺으면 끝까지 지속하는 힘이 있지만 정작 그 관계의 시작에 어려워하는 사람이다. 이런 사람일수록 '내 말'에 집중하기보다는 '상대방이 원하는 것'에 초점을 맞추어 대화를 진행해야 한다. 필요하다면 연기하겠다는 생각도 나쁘지 않다. 자신의 기준과는 맞지 않더라도, 속내와는 다른 생각을 가졌더라도 일단 겉으로는 상냥한 태도 그리고 인자한 웃음으로 포장하는 기술도 상황에 따라서는 필요하다. '아부하란 말인가'로 생각해 자괴감이 들 수도 있겠지만 자기 자신의 생각에만 머무른다거나, 주위의 변화에 둔감하게 사는 것보다는 나을 수도 있지 않을까.

그저 소통의 느낌으로 말하는 습관을 조금씩 배워보자는 말이다. 가정이나 직장은 어쩌면 내 말눈치를 훈련하는 곳 일수도 있다. 말을 잘해서 칭찬받고 잘못해서 꾸중을 들으며 모두 편안할 수 있는 말하기를 배우는 훈련장으로 여기면 어떨까. 이를 무시하고 '그냥 내가 하고 싶은 대로 말할래!'라고 생각하다가는 언젠가 큰 봉변을 당할지도 모른다. 그런 사람이 저지르는 실수는 상대방을 생각하지 않고 소통하는 느낌 그 자체를 무시함에서 비롯한다. 예를 들면 이렇다.

상대에게 고백할 생각이 아직 없는데 "넌 내 스타일이 아니야"라고 거절하는 사람, 소개팅을 구걸한 적도 없는데 새해 첫날부터 덕담은커녕 나이 운운하며 "이제 소개팅해주기도 어려운 나이 아니야?"라며 농담하는 사람, 그냥 편한 상대로 지내는 옆 팀 김 과장과 커피 한잔하는데 괜히 지나가다가 "혹시 너희들 썸 타는 거 아니야?"라며 큰 소리로 떠드는 팀장 등은 대화의 상대방을 그저 심심풀이 대상으로 여기는 사람이다. 학교 공부는 잘해서 성적은 좋았을지 모르지만 인생 공부는 부족한, 그래서 언젠가 말 하나 때문에 위험에 처할 가능성이 큰 사람이다. 또 소통의 느낌이 뭔지도 모르는 사람이고.

어쨌거나 결론은 이렇다. 말이 많건 적건 관계없이 상대방은 나에게 소통하는 느낌을 원한다는 것을 우선으로 기억하자. 설령 당신의 말이 적다고 해도 소통한다는 느낌만 확실하다면 상대는 언제나 대화의 문을 열어놓으니 말이다. 쓸데없는 말로 관계를 망치지 말자. 대신 우리 대화를 결정짓는 가장 중요한 요인은 '우리가 대화하고 있다'는 느낌이라는 점을 잊지 말고 기억하자.

억지로 노력하지 않아도
술술 풀리는 대화

혁명이란 무엇일까.

아니 그것보다 궁금한 것이 있다. 혁명을 일으키는 혁명가를 이끄는 것은 과연 무엇일까. 전설적인 혁명가 체 게바라의 말을 들어보자.

"우습게 들릴지 모르지만, 진정한 혁명가를 이끄는 것은 위대한 사랑의 감정이다."

누군가를 바꾸고 싶은가. 아니 누군가와 대화를 원하는가. 더 나아가 누군가와 혁명적인 인간관계의 개선을 기대하는가. 그렇다면 억지스러운 노력 대신에 상대방의 감정에 적극적으로 공감하는 것

이 우선이다. '공감'이라는 단어가 어렵다면 대화 상대방의 희로애
락에 적절히 '반응'하는 것부터라도 시작하길 바란다. 그 정도만으
로도 대화가 풀릴 수 있으니까. 이때 공감이나 반응의 기준은 너무
나 당연하지만 상대방이다. 자신에게는 냉정함을, 상대방에게는 따
뜻함으로 대하는 것이 말눈치의 기본이다.

특히 리더가 감정 이입에 미숙하면 안 된다. 그것은 바로 자신이
속한 조직문화를 황폐화할 가능성이 크기 때문이다. 반성적 성찰을
늘 해야 한다. 소크라테스는 '반성하지 않는 삶은 살 가치가 없다'고
했다. 세상의 모든 리더가 범하는 최악의 잘못은 무엇일까. 자기 자
신이 먼저 모범을 보이지는 못하면서 다른 사람에게는 엄격한 잣대
를 들이대는 일이다. 자신이 저지른 과오나 부정에는 관대하고 타
인이 범한 것에는 냉정할 정도로 철저한 경우다. 타인의 좋은 점을
긍정적으로 끌어내기보다 흠집을 어떻게 해서든지 찾아내어 해치
려는 사람이 리더가 되면 회사든, 가정이든, 친목 단체든 관계없이
리더 주변으로는 사람이 모이지 않는다. 다음 상황을 보라.

부장: 요즘 내가 책을 읽는데 정말 큰 감명을 받았어.

대리: 아, 그래요. 어떤 책인데요?

부장: (서랍 속 책을 꺼내며) 리더라면 주인 의식을 갖고 솔선수범해야 한
다는 내용이야.

대리: 아, 네.

부장: 우리 부서의 구성원들에게 읽으라고 해야겠어. 도대체 주인 의

식이라곤 찾아볼 수 없으니.

유통 분야의 중견기업에 근무하는 후배가 전해준 사례다. 책을 소
개받을 때만 해도 박 대리는 부장이 먼저 "내가 먼저 잘해야겠다는
다짐을 했어!"라고 말할 줄 알았단다. 그러기는커녕 다른 사람의 주
인 의식을 탓하는 모습을 보고 기가 막혔다고 했다. 그러면서 부서
원 한 명 한 명을 들먹이며 누구는 어때서 마음에 안 들고, 다른 누
구는 저래서 문제가 많다며 불만을 표했다고 한다. 좋은 이야기는
한마디도 안 하면서. 이 얘기를 들으며 후배는 '앞으로 이 상사와는
절대 같이 일해선 안 되겠구나!' 하고 다짐했단다. 사람 하나가 떨어
지는 순간에도 흠을 보던 그 부장, 과연 지금도 잘 근무할까.

그 사람도 나름대로 자신의 삶을 잘 살지도 모른다. 최선을 다하
는 직장 생활을 하는 것이다. 그것을 부정하진 않는다. 하지만 아무
리 일을 열심히 하고, 능력이 출중하다고 해도 자신이 속한 곳에서
대화를 제대로 하지 못하고 기본 말눈치도 없다면 그의 미래는 암
울하다. 상대방을 '객관적 냉정함'으로만 보는 사람과 친해지고 싶
은 사람은 없다. 그런 사람과 대화하고 싶은 사람도 없다.

남을 서열화하여 줄을 세우고 차등 대우를 하면서도 그것이 문제

인지 모르는 사람이 여전히 세상에 많다. 내가 한 것은 모두 옳고, 내 편이 아닌 사람이 한 것은 모두 틀리다는 흑백논리에 익숙한 사람이 그렇다. 과연 이런 부류의 사람이 원만한 소통에 성공할까. 왜 이런 사람이 많은 것일까. 대체로 사람은 '생각', 즉 사고 기능에는 능하다. 하지만 '감정'을 다루는 것에는 익숙하지 못하다. 이들은 자기 자신의 감정에 충실하다고 말하면서 상대방의 감정도 같은 잣대를 들이대어 흑백으로 나누고, 서열화를 생각한다. 그리고 그 생각을 말로 표현한다. 결국 인간관계를 망친다.

다른 사람에게 원하는 것을 얻으려면 감정을 다룰 줄 아는 능력이 필요하다. 내 감정을 관리하는 것은 물론 상대방의 감정에 귀를 기울이고, 느끼며, 공감대를 형성하는 노력이 우리에겐 필요하다. 오로지 자신의 사고에 충실하다가는, 그저 옳고 그름을 따지는 것에만 능숙해서는 세상 속 사람과 조화를 이루기 힘들다. 당신이 직장인이라면 승부를 걸 것은 당신의 학벌이 아니다. 그렇다면 당신의 지능, 아니면 기술? 이보다는 조직을 구성하는 사람과 공감대를 형성할 줄 아는, 즉 감정을 다룰 줄 아는 기술 그리고 그것을 잘 표현하는 말눈치가 필요하다. 이 능력은 조직 생활의 기본이다.

자신이 맡은 업무의 깊이만으로 조직에서 성공 가능성을 논한다면 지나치게 순진한 사람이다. 사람과 사람 사이의 소통과 협동심에 대한 이해가 없는 조직은 성공을 기대할 수 없다. 또한 개인의 발전 역시 한계에 부딪힌다. 그래서 필요하다. 생각을 잠시 멈추고 감정 기능을 활성화하는 것 말이다. 그러니 이제 내 생각이 무엇인지를 논하기 전에 내가 지금 기쁜지 슬픈지 행복한지 불행한지를 느껴보자. 상대방의 희로애락에 관심을 기울이는 연습을 하자. 그러고 나서 자신의 생각과 상대방의 생각을 들여다보라. 감정을 먼저 파악한 후에 비로소 생각하고 표현하는 것이 술술 풀리는 대화를 이끌어내는 말눈치임을 기억하자.

모든 대화는
이해에서 시작한다

나는 병에 걸렸다.

병명은 '좋은 것을 좋다고 말하지 못하는 병'이다. 증세는 이랬다.

1) 세상의 모든 것을 삐딱하게 보고 불만을 나타냄

2) 좋은 것을 절대 좋다고 생각하지 않고 흠을 찾아냄

3) 상대방의 나쁜 점을 악착같이 찾아내고는 즐거워함

다른 사람의 행동을 부정적으로 바라보고, 누군가가 나에게 호의
를 베풀어도 받을 줄 모르며, 남이 잘되는 것을 시기하고 질투해 나

뻔 점만 말했다. 그래서 나는 도대체 무엇을 얻었는가? 얻은 것 있다. 바로 감정 낭비. 그리고 타인과 멀어져가는 자체 왕따 시스템의 구축. 그렇다. 나는 왕따였다. 조직에서, 가정에서, 심지어는 사랑을 나눠야 할 연인 관계에서조차 나는 왕따였다.

'생각이 다르다고 말을 삐딱하게 할 필요는 없다'는 것을 알아야 했다. 상대방의 잘못된 생각을 바로잡아주려 애쓰기보다 새로운 방향으로 길을 터놓는 대화를 할 줄 알아야 했다. 과거의 잘못을 두고 투덜대기보다 함께 설계할 미래의 계획에 집중했어야 했다. 타인을 보는 내 이해 부족이 모든 것을 엉클어놓은 것만 같다.

부부가 있다. 부부 싸움을 했다. 이유는 남편이 주말에 자신의 일정대로 움직이겠다는 말 때문이었다. 가족끼리 영화라도 한 편 볼 계획을 하던 아내는 화가 났다. 당신이 아내라면 남편에게 어떻게 말했을까. 혹시 남편에게 "당신은 너무 일방적이야. 내 생각은 뭐가 되냐고! 당신 마음대로 정하면 어떻게 해!"라고 타박하지 않았을까. 그런데 이런 타박이 문제를 잘 해결할 수 있을까. 문제 해결은커녕 오히려 새로운 반감을 일으키는 말 아닐까.

상대방을 이해하기보다는 과거의 잘못에 집중하기 때문에 이렇게 부정적인 말이 튀어나온다. 과거의 잘못을 따지기보다 미래의 방향을 말한다면 서로를 이해하는 데 더 도움이 된다. 예를 들어 위 같은 경우라면 아내가 남편에게 일단 "일정이 있었어? 몰랐네? 하지만 주말이니 우리 모두 만족할 수 있는 주말 계획을 찾아보는 건 어때?"라고 차분하게 제안해보는 것도 괜찮다.

초등학교 동창이 있다. SNS로 보는 그녀의 가정관리는 대단하다. 단순히 집순이가 아니다. 현대판 신사임당이다. 대외 활동도 대단하다. 교회에서 독실한 신자로 이름이 자자하며 사진이나 글에도 일가견이 있는 친구다. 그런 친구를 오랜만에 동창 모임에서 만났다. 이런저런 얘기를 하는데 나에게 다음에 나올 책 제목을 물어본다. 글쎄, 아직 확정된 것이 없던 터라 주저주저하는데 이렇게 말한다.

"상대의 마음을 상하지 않게 간접적으로 돌려서 말하는 대화법, 어때?"

'제목이 너무 긴 거 아니냐'는 말에 싱긋 웃는다. '간접적으로 돌려서 말한다'는 얘기가 궁금해 그런 사례로 어떤 것이 있냐고 물어봤다. 그랬더니 이렇게 말한다.

"자녀에게 '너 숙제 안 하니?'라고 말하기보다는 '내일 수학 학원에 가는 날이지?'라고 말하는 방법 말이야."

생각해보니 상대방의 불편한 마음에 곧바로 상처를 내는 말이 아닌 마음을 편하게 해주는 말투가 아닌가 싶었다. 그 말을 들으며 살짝 부끄러웠다. 많은 사람과 서로 이해하며 인간관계를 맺는 나보다 집에서 살림하는 친구가 대화의 기본을 더 잘 안다는 사실에 민망했다. 이해는커녕 내가 가진 것을 강압적으로 상대방에게 전달하려고만 애쓰는 내 대화가 창피했다. 모든 대화는 이해에서 시작하는 것을 알면서도 말이다. 가끔은 이렇게 비전문가에게 더 전문적인 충고를 고맙게도 듣는다.

무가치 법칙 :
대화 주제의
가치를 논하라

무가치 법칙law of valueless.

이는 '가치가 없다고 생각하는 일은 할 필요도 없다'고 느끼는 사람의 심리 상태를 말한다. 자신이 생각하기에 가치가 없는 일을 하면 무관심한 태도로 일하고, 그 결과 일에서 성공할 확률이 낮아질 뿐만 아니라 성공한다고 해도 그다지 큰 성취감을 느낄 수 없다는 것이다. 반대로 가치가 있다고 생각하는 일을 하면 보잘것없는 일이라도 즐거운 마음으로 하고 일의 모든 단계를 의미 있게 느낀다는 말이다.

무가치 법칙에 따르면 무슨 일을 하기 전에 우선 이성적으로 마음의 척도를 가늠하고 선택의 기로에서 어떠한 일이 가장 중요한지 인식해야 한다. 그다음에 가치 있다고 생각하는 일에 전력을 다해야 한다. 반대로 의미 없고 가치 없는 일은 시원스럽게 잘라버려야 한다. 인생의 목표와 가치관을 소중히 여기는 사람일수록 사소한 일에 귀중한 시간을 낭비하지 않기 때문이다.

또한 무가치 법칙에서 '가치 없는 일로 고통받지 말라'는 통찰력을 얻을 수 있다. 이를 통해 타인에게 가치 없는 일을 주는 것으로 고통을 주지 말아야 함도 알아야 한다. 대화의 장면이라면 '누군가에게 가치 없는 말로 상대방에게 상처를 주지 말라'는 뜻으로 해석하면 된다. 자기 자신이 생각하기에 가치 있는 말이라도 그것이 상대방에게도 그러한지 생각해보고 주의를 기울여야 한다.

몇 년 전의 일이다. 유명한 기자의 강연을 들으러 간 적이 있다. 대략 300명이 꽉 찬 강의실이었다. 두 시간 정도로 예정된 강의였다. 그날은 유난히 덥고 습기가 높던, 그야말로 불쾌지수가 매우 높은 날이었다고 기억한다. 그런데 기자는 강연에 십 분 늦게 왔다. 그것까지는 이해할 수 있다. 사람마다 상황이 있으니까. 하지만 오자마자 늘어놓는 자기 자랑에 어이가 없기 시작했다.

"나처럼 글을 잘 쓰는 사람이 없다. 생각해보라. 그렇지 않다면 내가 어떻게 이 지면에서 지금까지 글을 쓸 수 있겠는가."

그때 강연 주제는 우리 전통문화에 관한 것이었다. 그런데 시작부터 삼십 분 이상을 자기 자랑에만 — 전통문화와는 전혀 무관한 글쓰기, 책 읽기 등에 대한 이야기 — 몰두하는 것이 아닌가. 도대체 무슨 소릴까 하며 짜증이 날 즈음에 강사는 이렇게 한마디 했다.

"자, 그럼 제 얘기는 그만해야겠네요."

후유, 한숨이 나왔다. '그럼 그렇지, 이제 제대로 강연을 시작하려나 보다'는 생각에 마음이 놓였다. 그런데 뒷말은 이랬다.

"제 책은 모두 읽었겠지요…. 그러니 질문이나 해보시죠."

기가 막혔다.

상사의 눈치를 보며 사무실을 일찍 나왔다. 버스를 타고, 지하철을 타고, 다시 버스를 탔다. 한참을 걸어 땀을 삐질삐질 흘리고 강연장을 찾았다. 나만 이랬을까. 아닐 것이다. 이렇게 찾아온 사람이 대부분일 텐데 어떻게 이토록 무례할 수 있을까. 기자는 강연 시작부터 자기 잘난 점만 과시했다. 내가 누구를 알고, 누구랑 친하고, 어디에 가면 강연료가 얼마고. 그리곤 하는 말이 이제부터 남은 한 시간 동안 질문해보라고?

멍하게 앉아있는 나를 누가 툭 친다. 내 뒤에 있던 중년 여성이었다. 나에게 이렇게 묻는다.

"오늘 주제가 뭐죠? 강사님이 지금 무슨 말 하는 거죠?"

잔뜩 화가 난 표정에 나도 어이없다는 표정을 지을 수밖에 없었다. 강연도 일종의 대화다. 일방적이지만 상대방이 듣고 또 반응하는 소통의 순간이다. 자랑거리가 자기에게는 가치 있을지 모르나 듣는 사람에게는 중요하지 않다.

대화에는 상대방을 향한 관심과 배려가 있어야 한다. 대화하기 전에 대화의 주제가 무엇인지 고민해야 한다. 주제가 혹시 나에게만 중요한 것은 아닌지 상대방이 생각할 때는 아무런 가치도 없는 것은 아닌지 몇 번이고 생각하고 이야기해도 늦지 않다. 그것은 어쩌면 말하는 사람의 기본이다. 그 정도도 준비가 안된다면 말은, 더군다나 누군가를 앞에 두고 일방적으로 말하는 강연 등은 해서는 안 된다. 준비도 없이 강연하겠다고 덤비는 사람은 말눈치라고는 찾아볼 수 없고 자신의 무지를 드러낼 뿐이다.

대화의 무대에서 무작정 자신이 중하다고 생각하는 가치만 말한다면 그것은 폭력이다. 대화할 때 '내 가치를 인정해달라'고 말하기보다는 상대방이 생각하는 중요한 가치는 무엇인지 고민하고 시작하는 것이 제대로 된 말눈치다. 혹시 당신이 누군가의 앞에서 열을 내며 말한다면 잠시 호흡 한 번 하길 바란다. 그리고 당신의 말에 집중하기보다 상대방의 눈을 한 번 쳐다보길 바란다. 무차별로 침묵을 지킬 수밖에 없는 듣는 이의 괴로움을 깨달았으면 좋겠다.

지금 당장 당신의 혼잣말을 멈춰라.

적극적 경청 :
말없이 듣는 것이
잘 말하는 기술이다

시대는 변한다. 목소리로 사람을 이긴다고? 착각이다. 상대방의 목소리가 크다고 져주는 사람은 이제 세상에 없다. 일방적으로 말을 퍼붓는 사람에게 귀 기울여줄 만큼 한가한 사람은 부모 외에는 없다. 어쩌면 부모도 귀찮아할지도 모르지만 말이다.

목소리가 큰 사람이 있다. 말 많은 사람도 있다. 불과 얼마 전까지만 해도 이런 사람이 대접(?)을 받으며 살았다는 것은 사실이다. 물론 그렇다고 그런 사람들이 지금 당장 사라질 것이라고 보지는 않는다. 아직까진 '목소리 큰 사람의 시대는 갔다. 조용하게 말할 줄 아는 사람의 시대가 왔다'고 하기에는 시기상조다.

하지만 이제 조금씩 변할 것이다. 말을 많이 하는 사람보다 말의 무게를 아는 사람이 세상에서 빛과 소금의 역할을 하는 비중이 높아질 것이다. 사실 말이 적은 사람이라고 말할 줄 모르는 것이 아니다.

목소리가 크지는 않지만 자제할 뿐이다. 잘 모르는 사람과 의미 없이 말하는 것을 어색해하는 것이다. 말하는 공간이 친숙한 곳이라면 얼마든지 말을 많이 그리고 크게 할 수 있다. 그들은 장점도 많다.

이를테면 말이 적은 사람은 한 가지 주제를 진지하게 혼자서 연구하는 것에 익숙하다. 스스로 생각한 것이 많으니 말할 거리도 무궁무진하다. '문제의 본질'을 파고들 줄도 안다. 평범한 일상의 가벼움을 말하기보다는, 자신의 생각에 타인의 생각을 맞추려 하기보다는, 상호이해가 아닌 일방적인 독백을 원하기보다는 상대방이 진정으로 고개를 끄덕일 수 있는 말을 하려고 노력한다.

하지만 말이 많은 사람이건 적은 사람이건 관계없이 기억해야 할 말눈치가 있다. 세상 여기저기에서 그토록 중요하다고 하는 경청이 그것이다. 경청은 자기 생각의 고집을 버리는 것에서 시작한다. 말하기 전에 듣는 연습을 해야 한다. 듣는 연습이라고 하면 잘 와닿지 않는다. 용어를 바꿔보자.

'참고' 듣는 연습.

경청이란 '참아내는 힘'이다. 경청은 인내심과 직결된다. 듣기 힘들어도 끝까지 듣는 인내심에는 연습이 필요하다. 누군가가 하는 말을 천성적으로 잘 들어주지 못한다고 변명하는 것은 이해의 대상일 수는 있다. 그러나 양해의 대상은 아니다. 경청에는 치밀하고 악착같은 연습이 필요하다. 상대방이 '충분히' 말할 수 있도록 참는 훈런 말이다.

여기서 잠깐, 경청傾聽이란 단어를 살펴보자. 경청에서 경傾은 '기울일 경'이다. 대화할 때 상대를 향해 몸을 기울이고 집중하는 모습이 눈에 그려지는가? 다음으로 청聽은 우리가 익히 아는 대로 '듣다'라는 단순한 의미다. 이 한자를 좀 더 자세히 보자. 잘 살펴보면 귀耳뿐만이 아니라 마음心과 눈目이 모두 있음을 알 수 있다. 왜 듣는다는 의미를 가진 '청'에 눈과 마음을 의미하는 한자가 있는 것일까? 경청이란 단순히 상대방이 말하는 것을 귀로 듣는 것에 그치지 않고 상대방을 진심으로 위하면서 — 몸을 상대에게 기울일 정도로 — 마음마저 함께할 때 완성된다는 의미가 아닐까.

토크쇼의 제왕 래리 킹이란 사람이 있다. 래리 킹은 '잘 말하는' 비결로 '말없이 듣기'를 권했다고 한다.

> 킹은 토크쇼를 철저히 통제한다. 이를 위해 역설적으로 자기 자신은 사라지게 한다. 킹은 "토크쇼 사회자 중에서도 손님이 아니라 스스로에 대한 관심이 지나친 경우가 여럿 눈에 띈다"고 지적한다. 유심히 들어보면 사회자들이 '나(I)'라는 단어를 너무 많이 쓴다는 것이다.
>
> – "토크쇼 제왕의 말 잘하는 비법은 '말 없이 듣기'", 〈중앙일보〉, 2013. 11. 3.

듣기를 잘하는 사람은 인내심이 있다. 끈기도 있고 용기도 있는 사람이다. 누군가의 말을 들어주는 사람이 진짜 능력자다. 자기를 알려야 한다고 부르짖는 세상일수록 들어주는 사람의 가치는 높을 수밖에 없다. 결국 잘 들어주는 말눈치가 있는 사람이 진정으로 가치 있는 사람으로 평가된다.

누군가와 대화한다고 해보자. 혹시 상대방이 듣는 둥 마는 둥 하면 얼마나 기분이 언짢겠는가. 들어주지는 않으면서 툭툭 기분 나쁜 말로 끼어들기나 일삼는다면 '이 사람은 나와 대화하려는 생각이 없구나. 말만 하지 않을 뿐이지'라는 생각만 든다. 반대로 진심으로 마음을 다해 몸까지 기울이면서 내 말을 들어주려는 느낌을 받는다면? '이 사람은 진심으로 나와 이야기를 나누고 싶어 하는구나'라는 생각에 흐뭇해할 것이다.

내 말에 귀를 기울여주는 상대방! 혹시 최근에 당신의 말에 단순한 듣기가 아닌 적극적으로 경청해주는 사람을 만난 적이 있는가. 기분이 어땠는가. 그런 사람을 만나면 "나는 당신을 존중합니다"라는 말을 듣지 않아도 마음속으로 이미 들은 것 같은 느낌을 받는다. 바로 이 느낌을 얻어낼 수 있는 커뮤니케이션의 기술이 경청이다.

말을 많이 하고 잘하는 것 모두 중요하다. 하지만 그전에 경청을 말하기의 덕목으로 잘 지켜야 한다. 잘못하면 '쓸데없이 진지한, 혹은 겉만 요란하며 말 많고 실속 없는 사람'으로 평가될 수 있으니 말이다.

04

절제하는
말눈치가
필요할 때

과한 요구를
하지 않는다

'소통의 벽'을 만드는 단어가 있다.

절대

반드시

결코

마지막

누군가와 대화할 때 이런 단정적 의미의 단어를 사용한 적이 있는가. 그동안 은연중에 소통의 벽을 만드는 단어를 사용했다면 이제부터는 자제하려고 노력해보자. 단정적인 언어는 상대방에게 더이상의 후퇴 공간을 남겨두지 않는 언어다. 숨을 못 쉬게 한다. 상대방에게 여유를 주고 숨을 쉴 수 있는 단어를 말하자.

가끔

때때로

이렇게도

앞으로도

절대적인 언어는 절대적인 사고를 형성한다. 절대적인 생각은 절대적인 틀 안으로 우리를 가둬놓는다. 나와 상대방의 마음에 부정적인 스트레스로 작용한다. 엄격한 통제를 즐기기 원하고 소통 따위는 필요 없다고 느끼는 당신이라면 모르겠다. 하지만 함께 이야기할 수 있는 분위기를 유지하고 싶다면 정답은 긍정과 여유의 말이다. 부정적이면서도 억압적인 말은 자제할수록 좋다.

긍정은 훈련해야 한다. 긍정은 주는 것만이 아니다. 긍정을 받아들이는 마음가짐도 훈련이 필요하다. 소통의 문은 긍정의 말 한마디에서 나온다. 가능성을 품은 말 한마디가 있는 곳에서 '소통의 벽'은 '소통의 문'으로 변한다. 인간의 불완전함을 인정하고 받아들이는 여유로운 마음 자세가 있어야 한다. 일상에 감사하는 자세도 필요하다.

소통은 어렵다. 자신의 고집과 욕망을 잠시 내려놔야 하기 때문이다. 자기 자신과 상대방에 대해 유연하며 긍정적인 사고를 할 때 소통을 기대할 수 있다. 소통은 위대함의 근원이다. 위대함은 협력에서 시작한다. 협력에 대해 이야기한 생텍쥐베리의 말에 귀 기울여 볼 때다.

"타인과 함께, 타인을 통해서 협력할 때에야 비로소 위대한 것이 탄생한다."

협력은 나는 물론 상대방에게 과한 요구를 하지 않을 때 얻는다. 상대방에게 지나치게 엄격한 기준을 갖는 것은 역효과만 가져온다. 다만 오해는 하지 말았으면 한다. '누군가에게 요청하지 말라'는 뜻이 아니다. 요구와 요청은 다르다. 특히 '과한 요구'는 억압이요 통제며 갑甲의 언어지만 '정중한 요청'은 겸손이며 존중이고 을乙의 언어다. 정중한 요청은 필요한 말눈치다. 세상은 혼자 사는 것이 아니니 말이다.

언젠가 서점에 갔다. 책을 파는 매대 한 공간에 있는 책을 훑어봤다. 그곳에 있던 책의 목록이다.

『혼자 있는 시간의 힘』
『내가 혼자 여행하는 이유』

『나는 왜 혼자가 편할까?』

『혼자가 편한 사람들』

비슷한 제목의 책이 한 무더기로 있는 모습을 당신이 직접 봤다면 어떻게 생각했을까?

① 편하다!

② 이상한 사람이네?

나는 ①과 같이 생각했다. 나는 혼자 무엇인가를 하는 것이 편한 사람이다. 일도 혼자 하는 게 낫다. 노는 것도 혼자 노는 게 낫다. 밥도 혼자 먹는 게 낫다. 술도 혼자 마시는 게 나을 정도다. 좋은 말로 독립적인 사람이라고 해야 하나. 그렇다고 회사에서 가정에서 자신의 일을 소홀히 하는 사람은 아니다. 성과를 낼 줄 알고, 가정을 지킬 줄 안다고 자부한다. 다만 누군가의 도움을 부담스럽게 여기며 특별히 어렵지 않다면 어떻게 해서든지 혼자 힘으로 끝을 내고자 하는 의지가 강할 뿐이다.

하지만 가끔은 나 스스로 반성한다. 누군가의 도움을 받는 것에 익숙하지 않는 나 자신이 아쉽다. 요청할 줄 모르는 지나친 소극성이 내 삶의 전반에 걸쳐 이득보다는 손해를 많이 가져온 것 같기 때문이다. 모든 것을 혼자 하려는 마음은 욕심이다. 복잡한 사회시스템 속에서 도움이 필요한 시점에 받을 수 있는 것은 능력이다. 결정적인 순간에 협력을 얻어내지 못해 실패한다면 얼마나 아쉬운가. 설령 혼자 할 수 있는 일이라 할지라도 함께 일을 잘해나가는 것, 현대사회가 요구하는 미덕이다. 이는 단순히 눈앞에 놓인 성과만이 아니라 조직에 선한 영향을 끼치는 소통의 힘이 중요하기 때문이리라.

당신은 아직도 타인에게 도움을 요청하는 것이 어색한가. 이제 용기를 내야 한다. 용기란 단어가 어색하다면, 뻔뻔함을 내 말눈치에 포함하자. 과한 요구를 하지 않는 것은 당연하다. 하지만 필요한 요청까지 하지 못하는 것은 게으름이다. 특히 스스로 소극적이라고 생각한다면 더욱 그러하다. 내 옆의 사람에게 요청해보는 연습, 과하지 않게 부탁하는 연습은 소통을 여는 지름길이다.

나중에 말하는 것이
말실수를 줄인다

말을 조심하는 사람이 있다. 그 사람은 조언자, 치유자로서 대화를 즐긴다. 말 하나하나가 소중하다. 상대방에게 말할 때도 고민해서 말을 고른다. 상처를 주는 말은 하지 않는다. 항상 예의 바르고 조용하며 성실하다. 세상에 이런 사람이 많다면 조금은 심심할지는 모르겠으나 말로 상처받고 상처 주는 일은 줄어들 테다.

그런데 문제가 있다.

이런 사람은 거꾸로 누군가의 말에 상처를 잘 받는다. 말 자체의 민감도가 높기 때문에 그렇다. 타인의 말을 극히 예민하게 받아들인다. 말눈치의 예민함이 지나친 경우다. 말할 때도 들을 때도 온 신경을 곤두세워 집중하는 사람, 우리 주변엔 얼마든지 많다. 그들이 사회에 본격적으로 나오기 전이라면 괜찮다. 상처받는 말을 하는 상대방과 스스로 거리를 둘 수 있으니 말이다.

예를 들어 친구가 그렇다. 친구는 자신이 선택한 사람이다. 상처받으면? 헤어지면 된다. 물론 헤어지는 과정에서 고통과 분노 그리고 아쉬움은 있겠지만 두 번 다시 보지 않을 수 있는 것은 오롯이 자신의 선택이다. 인간관계에서 상대방을 선택하는 주체가 나 자신이기에 어느 정도 어려움을 감수한다.

문제가 발생하는 것은 사회에 나오면서부터다. 선택당한 사람으로 살아야 하면서 고통이 시작된다. 내가 선택할 수 없는 사람, 아니 나를 선택한 사람과 커뮤니케이션을 해야 하는 경우가 비일비재하면서 소통에 어려움이 생긴다. 회사원이건, 자영업을 하건 모두 을의 자리에서 선택당하면서 사회생활을 시작한다. 그곳의 대화는 어떠한가. 일방적으로, 수동적으로 말을 들어야 한다. 질문이라고 듣지만 모범 답안을 말하지 못하면 곤욕을 치른다. 말눈치의 안테나를 하늘 끝까지 올려야만 하는 스트레스에 소통의 어려움을 하소연하고 싶지만 온전히 자신이 치러야 할 몫이다.

사회생활을 포기할 수는 없다. 어떻게 해서든 방법을 찾아야 한다. 상대방의 불편한 말에 어떻게 대응해야 하는가에 대한 말눈치 해결책을 찾아보도록 하자. 예를 들어, 내 부정적인 면을 이야기하는 데 아무 거리낌 없는 사람을 만났다고 해보자. 내 사생활에 대해 함부로 말하는 사람이다. 그 말에 내 마음에 상처가 생겼다. 어떻게 대응할 것인가.

보통은 싸운다. '당신이 왜 내 사생활을 함부로 평가하느냐'고 욱 하며 달려든다. 조금만 시간을 두고 말하면 좋을 텐데 그렇게 하질 못한다. 나중에 말하는 것이 말실수를 줄이는 지름길임에도 망각하고 덤빈다. 인간관계는 파국으로 치달을 수밖에 없다. 그보다는 센스 있는 말눈치로 극복하는 모습이 현명하다. 어떻게? 입에서 튀어 나오려는 말을 손으로라도 막고 잠시 시간을 두어 다음 세 단계와 같이 말해보자.

1단계 : 상대방의 의도에 대한 인정

"당신은 저를 해할 생각이 없다는 것을 알고 있습니다."

2단계 : 내 마음의 불편함을 알림

"하지만 저는 ~한 상황이나, ~한 말에는 불편함을 느낍니다."

3단계 : 내 마음을 들은 상대방의 의견 청취

"제 말에 대해 당신은 어떻게 생각하는지요?"

모아놓은 종잣돈으로 주식을 하는 박 과장이 있다고 해보자. 약간의 수익을 올렸다. 이를 안 상사가 시도 때도 없이 사람들이 모인 곳에서 "박 과장은 주식으로 돈도 벌었다는데 나는 왜 늘 손해인 거야? 어이, 박 과장. 오늘은 어때? 오늘도 좀 벌었어?"라고 말한다. 남의 사생활을 함부로 말하는 상사가 짜증스럽다. 이때 화를 내며 들이받을 것인가 아니면 그냥 인간관계를 끊을 것인가. 이보다는 세 단계 화법으로 대화를 시도해봄이 어떨까.

1단계

과장: 제 주식 얘기를 다른 사람들 앞에서 재미로 말씀하시는 거 저도 알고 있습니다.

팀장: 그래, 그냥 우스개지 뭐.

2단계

과장: 하지만 다른 사람이 회사 업무가 아닌 제 사생활을 아는 게 불편합니다.

팀장: 아, 그래.

3단계

과장: 제 주식에 관한 얘기는 하지 말아주셨으면 합니다. 힘들어서요.

부탁드립니다.

팀장: 그래, 박 과장이 그렇게 생각하는 줄 몰랐네. 그렇게 할게.

하나 더 생각해볼 것이 있다. 상대방의 말이나 행동에 관심과 함께 자신의 해석이 어떤지를 살펴볼 필요도 있다. 다들 아무렇지도 않은데 나만 무시당하는 것 같고 소외감을 느끼는 경우가 없었는가. 나 이외의 다른 사람들은 농담을 주고받으며 친밀해 보이는데 그 농담이 나를 향한다고 느껴져서 불편하고 견딜 수 없는 경우가 있었는가.

이런 느낌은 왜 들까. 낮은 자존감 때문은 아닐까. 상대방의 말이나 평가가 신경이 쓰이는 것은 당연하다. 하지만 지나치게 타인의 말과 행동 속에 있는 숨은 의미를 살펴보다 과장하여 해석하면서 스스로 지칠 필요는 없다. 세상 모든 일을 지나치게 깊게 해석하는 마인드를 살짝 내려놓는 말눈치가 있어야 한다. 진실을 전달하는 것만이 옳다는, 말 역시도 진실해야 한다는 강박관념에서 벗어나야 한다.

'5퍼센트의 진실을 말하기 위해서는 95퍼센트의 농담이 필요하다'는 말이 있다. 5퍼센트의 진실을 말하려고 95퍼센트의 잡담을 즐길 줄 아는 말눈치가 필요한 때다. '대화는 유머 아홉 스푼에 진실한 스푼이 답이다'는 말도 있지 않은가. 잡담으로 진실을 전달하는 방법을 이제 고민하자. 농담을 듣건 아니면 하건 관계없이 농담을 본론을 말하기 위한 수단쯤으로 보는 너그러움이 필요하다.

대화의 장면을 예로 든다면 본론부터 말하려는 성급함을 버리자. 처음에 모든 것을 알리려고 하는 것은 상대방에게 부담을 준다. 오히려 나중에 말하는 것이 실수를 줄이는 길이다. 늘 진지한 태도의 커뮤니케이션은 때에 따라 자신에게 피해가 된다는 것을 기억하라. 자신의 범위 내에서 찾아낸 결론을 세상의 한계로 단정 짓고 주변을 살피는 노력을 중단하는 것을 피하자. 대신 대화의 환경을 잘 꾸며내는 것에 신경을 써보자.

주위 사람과 작지만 중요한 감정 교류에 소홀했다면 이제 편한 대화를 위한 가벼운 농담, 잡담, 유머를 할 수 있는 말눈치를 배우자. 인간만이 유머를 구사한다고 했다. 유머 구사력, 어찌 보면 말장난 같지만 성급하게 결론을 상대에게 전달하려고 애쓰는 것보다 대화의 효과가 더욱 극적으로 나타난다. 그것을 적극적으로 배우고 또 활용해보자.

침묵은 결코
나쁜 게 아니다

내가 많이 듣던 얘기가 있다.

"왜 이렇게 조용해?"

남한테 내가 조용한 이유를 설명하는 것이 어렵지 스스로 내 조용함을 인정하는 것은 전혀 어려운 일이 아니다. 말하지 않음, 즉 침묵은 누군가에게 굳이 설명해야 할 일은 아니다. 개인이 가진 특질일 뿐이다. 좋고 나쁜 것도 없다. 그저 말하지 않을 뿐.

신문을 보다가 시 하나를 읽었다. 제목은 '뒤에 서는 아이'였다. 시에서 "시간이 흘러 어느덧 뒤에 선다는 것이 무엇을 의미하는 것인지 알고 난 후에도 늘 뒤에 있는 것이 편안해 보였다"라는 말이 마음에 와닿았다. 그래, 이제 나는 뒤에 서 있는 것을 본능적으로 그리고 논리적으로 잘 안다. 그리고 편하다.

초등학교 때 충분히 반장이 될 수 있음에도 나는 반장 대신 부반장이 하고 싶다며 한 걸음 물러선 것, 고등학교 때 예상외로 성적이 잘 나왔을 때도 이상하게 내가 아는 문제가 많이 나왔다고 한 것, 직장 생활을 하면서 큰 성과를 거뒀을 때도 그저 운이 좋았을 뿐 아니면 동료의 도움이 없었으면 불가능했을 것이라며 머뭇거린 것 모두 나 자신이 편했기에 그렇게 했다. 나는 '뒤에 서는 아이' 그리고 '뒤에 서는 어른'이었다.

뒤에 선다는 것이 뒤처지는 일이라고 생각하지 않는다. 상황이 급변하면 뒤에서 첫 번째가 앞에서 첫 번째로 바뀔 수도 있다. 말없이 조용하다고 해서 일등을 포기하겠다는 것이 아니다. 지금 현재의 상황에서 일등을 원하기보다는 언젠가 올 인생의 중요한 시점에 일등을 하기를 원할 뿐이다. 뒤에 서서 조용히 침묵을 지킨 것은 좀 더 나은 나를 위한 소망이 시끄러움을 자제시킨 일종의 말눈치였다.

어쩌면 나는 굳이 일등을 원하는 사람이 아닌지도 모르겠다. 그렇다고 별 볼 일 없는 사람이라고 나를 비하하지는 않는다. 오히려 일등이라는 간판보다는 경쟁 속에서도 나 자신을 찾을 줄 아는 사람이라고 여기고 싶다. 나보다 남을 앞세우는 여유를 가진 사람, 앞에 가는 사람을 격려와 지지의 눈으로 바라볼 수 있는 그런 사람이기에 기꺼이 '뒤에 서는 용기'를 가진 사람이라고 스스로 격려하고 싶다.

침묵은 나쁜 것이 아니다. 뒤에 서 있는 것이 바보 같은 일도 아니다. 그래서 이제는 나 자신을 자랑스럽게 여긴다. 뒤에 서 있어도 미소로 세상을 바라보는 여유가 생겨난 것만 같다. 이런 마음이 이제는 고맙다. 세상과 사람을 보는 관찰의 시각이 넓어지고 여유로워져서일까. 이제는 사람을 좋게 보는 습관도 생겼다. 예전과 달라진 내 사람 관찰법이다.

누군가 그랬다. '사물은 사용의 대상이다. 그러므로 단점을 봐야 한다. 사람은 사랑의 대상이다. 그래서 단점보다는 장점을 봐야 한다'고 말이다. 맞는 말 같다. 책상을 산다면 겉모습의 화려함보다는 혹시 풀린 나사가 있는지 살펴봐야 한다. 하지만 내가 보는 것이 사람이라면? 그렇다면 사랑의 눈으로 바라봐야 한다. 회사라면 상사는 부하를 부하는 상사를 사랑의 관점에서, 즉 장점을 찾으려는 관점에서 봐야 한다. 가정이라면 남편은 아내의 장점을, 아내는 남편의 장점을, 아이는 부모의 장점을, 부모는 아이의 장점을 찾아내고 그것을 말로 표현해줘야 한다.

이런 눈을 뜨기 전까지는 침묵이 답이다. 그것이 세상을 편안하게 하는 말눈치의 기술이다. "당신이 어떤 사람인지 알 수 있도록 나에게 말을 한번 해보시오"라는 독일 격언과 "나는 말한 것을 후회한 적은 있지만 말하지 않은 것을 후회한 적은 없다"라는 프랑스 격언 모두 침묵할 순간에 쓸데없이 말하는 말 습관을 경고하는 이야기다. 침묵도 일종의 중요한 말눈치다. 자신은 물론 상대방에게 차리는 언어 예의다. 그러니 불필요한 말을 한다고 여긴다면 당장 침묵할 것! 침묵해야 할 때 말이 나오는 바람에 세상은 늘 상처투성이니까.

상대방에게 충분히 말할
기회를 준다

'세계인의 지식축제'라는 명성을 얻은 테드TED 프로그램이 있다.

테드는 Technology 기술, Entertainment 엔터테인먼트, Design 디자인의 약자다. 과학과 예술, 강연과 공연의 경계를 넘나드는 강연 위주의 대규모 모임이다. 이 프로그램에는 다음과 같은 유명한 규칙이 있다.

"18분 안에 강연을 마칠 것!"

유명인이라고 예외는 없다. 빌 클린턴 전 미국 대통령, 빌 게이츠 마이크로소프트 창업자, 제임스 카메론 '아바타' 감독 등도 마찬가지다.

18분?

생각해보자. 평범한 사람이 아니다. 유명 인사다. 할 이야기가 얼마나 많을까. 18분이면 점심 식사 후 커피 한 잔 마시며 앉아 있을 시간도 안 된다. 하지만 엄격한 제약이 테드에 참석한 명사의 강연을 오히려 빛냈다. 18분 이내에 하고 싶은 이야기를 압축한 덕에 강연의 밀도가 높아졌고 멋진 강의가 탄생했다. 한국에도 유사한 프로그램이 있다. 더 압축했다. '세상을 바꾸는 시간 15분'이 — '세바시'라고도 한다 — 바로 그것이다. 한국판 테드라 불리는 이 강좌 역시 제목처럼 말할 시간을 그리 많이 주지 않는다. 자신의 말을 15분 이내에 압축해야 한다.

이런 프로그램이 사람의 호응을 얻은 이유는? 그렇다. 상대방의 시간을 아껴주는 말눈치가 있었다. 말하기? 어렵다고 생각하지만 쉽다. 누군가의 말이 짧아서 짜증 난 적이 있는가. 오히려 그 반대의 경우가 더 많다. 그만큼 사람은 하고 싶은 말이 많다. 하지만 듣는 것은? 정말 어렵다. 이쯤에서 생각해보자. 상대방의 말을 들어주는 것에 대해 말이다. 실제로 만만하지 않다. 들어주는 집중력? 10분이면 급격하게 저하한다. 10분도 길게 느낀다.

당신이 회의 시간에 무엇인가를 설명하려는 회사원이라고 해보자. 업무와 관련해서 동료에게 설명하려고 그것도 1시간을 회의실에 가둬놓고 이야기한다면, 과연 상대방은 당신의 이야기에 집중할 수 있을까. 불가능하다. 세상에 재미있는 것이 얼마나 많은데 왜 당신의 말에 귀를 기울여야 하는가.

내가 말할 시간을 스스로 제한하는 노력은 상대방의 시간을 존중하는 말눈치다. 내 말 할 기회만 중요한가. 아니다. 내 얘기를 빨리 끝내고 상대방의 이야기를 들어보는 것에 집중하겠다는 상호 소통의 인정이 대화에선 훨씬 중요하다. 내 말보다 중요한 것은 상대방이 말할 기회를 얻도록 배려하는 일이다. 리더가 회의 1시간 동안 끊임없이 얘기한다면 듣고 있는 부하 직원을 배려하지 않은 행동이다. 부하 직원도 얼마든지 할 말이 많다. 그저 참을 뿐이다. 그런 사람들을 앞에 두고 '침 튀기며 말만 하는' 리더를 떠올려 보라. 짜증 나지 않는가.

시간을 정해서 말하는 예의를 갖추자. 공감 대화법은 상대방의 시간을 아껴주는 것에서 시작한다. 앞으로 당신이 누군가와 대화를 시도한다면 '테드도 18분인데, 내가 무슨 18분을 넘어서까지 말하겠는가'라는 겸손한 말눈치가 있었으면 좋겠다. 상대방과 커뮤니케이션을 제대로 하고 싶다면, 프로젝트를 앞두고 누군가의 협력을 끌어내야 한다면 시간적 요소를 가장 먼저 염두에 두길 바란다. 의견을 표현하기 전에 상대방의 말을 듣는 것이 우선이다. 그리고 의견을 먼저 표현해야 할 상황이라 할지라도 상대의 시간을 아끼려는 고민이 우리에게 필요한 말눈치의 기본이다. 예를 들어보자.

직장인인 당신이 누군가에게서 협력을 끌어내야 할 상황, 원하는 것을 얻어내야 할 경우다. 상대방과 미팅 시간을 잡으려고 한다. 이때 옳은 말과 잘못된 말을 아래에서 확인하라.

"내일 아침 9시부터 회의 있으니까 오세요." [X]
"내일 아침 9시부터 10시까지 3층 회의실에서 프로젝트 관련 회의하려고 합니다." [O]

"한 시간 정도면 될 것 같은데. 바쁘세요?" [X]
"딱 5분만 시간 내주세요. 프로젝트 관련해서 잠깐 말씀드릴까 합니다." [O]

상대방의 시간은 당신의 것이 아니다. 상대의 시간을 아껴주는 말눈치를 지닌 당신이야말로 대화를 제대로 할 줄 아는 아름다운 사람이다.

들은 이야기를
남에게 흘리지 않는다

뒷담화.

담화談話와 우리말의 뒤後가 합쳐져 생긴 말이다. 유쾌하지 않은 뒷담화를 알아보자. 뒷담화가 성립되기 위해서는 다음의 세 가지가 필요하다.

하나, 뒷담화의 대상이 대화 장소에 없을 것.

둘, 뒷담화의 대상은 모를 것이라 기대하는 것.

셋, 뒷담화의 대상을 욕하거나 헐뜯는 말일 것.

뜻풀이만 봐도 왠지 기분이 나빠진다. 그런데 왜 나를 포함해 수많은 사람이 누군가에 대한 뒷담화를 즐겨할까. '나는 뒷담화 같은 건 하지 않아!'라고 생각하는 당신이라면 혹시 뒷담화의 범위를 너무 좁게 보는 것은 아닌지 궁금하다. 뒷담화의 영역은 매우 넓다. 누군가를 욕하거나 홍보는 것만이 뒷담화의 전부는 아니다. 우리가 간과하는 뒷담화의 대표적인 것으로 누군가에 대한 '평가'가 있다. 예를 들어보자.

한 회사가 있다. 어느 본부의 1팀, 2팀, 3팀의 팀장들이 모였다. 이때 1팀장이 말한다.

"우리 팀의 김 대리 말이야. 능력도 있고 성과도 좋은데 영 인성이 글러먹었어."

뒷담화다. 뒷담화인지 아닌지는 뒷담화를 하는 사람들끼리의 대화로만 판단해서는 안 된다. 뒷담화의 대상에게 직접 말을 하지 않는 모든 평가 역시 뒷담화일 뿐이다. 만약 1팀장이 뒷담화의 대상인 김 대리 본인에게 직접 이렇게 말한다면 뒷담화가 아니다.

"김 대리는 능력도 있고 성과도 좋은데 영 인성이 글러먹었어."

어떤가.

뒷담화란 그저 누군가를 홍보는 재미일 뿐이다. 자리에 없는 누군가를 대화의 소재로 삼을 때 '그 사람에 대한 칭찬이나 격려 등이 아닌 모든 말'은 뒷담화다. 그럼에도 사람은 여전히 '나는 절대 자리에 없는 누군가를 흉보거나 욕하는 그런 뒷담화나 하는 비겁한 인간이 아니야!'라는 착각에 빠져 산다.

뒷담화는 파괴적인 커뮤니케이션이다. 뒷담화가 누군가를 통해서 당사자에게 전달되는 순간 모든 인간관계는 최악의 상황으로 접어들 수 있다. 제삼자의 말로 자신을 향한 부정적인 시각이나 평가를 들을 때 아무렇지도 않은 사람은 세상에 없다. 그러니 뒷담화를 철저히 경계하는 것은 세상과 평화롭게 공존하는 말솜씨의 기술이다.

뒷담화에 대해선 다음 두 가지를 기억해두자. 우선 뒷담화를 들었다면 과감하게 거부 의사를 표현하라.

"그래, 하지만 자리에도 없는데 쉽게 평가하기는 힘들지 않을까?"

"음, 그렇구나. 그렇지만 여기에 없는 사람을 함부로 말하는 건 자제하자."

다음으로 누군가에게 들은 뒷담화를 아무에게도 전달하지 말라.

이것이 정말 중요하다. 들은 이야기를 남에게 흘리지 않는 데는 나름대로 굳은 의지 그리고 말눈치가 필요하다. 뒷담화에 관해서는 스스로 '인간 스펀지'가 되겠다고 다짐하라. 인간 스펀지란 '제삼자에 대해 누군가에게 들은 안 좋은 이야기를 중간에서 먹어버리는 사람'이다. 인간 스펀지 유형은 말을 잘할 줄 아는 사람의 표본이요, 말눈치 센스가 있는 사람의 모델이다.

우리는 가끔 착각한다. 특히 누군가에게 들은 말을 당사자에게 말해주면 좋아할 것이다, 혹은 도움이 될 것이라는 착각이 그러하다. '나는 그저 전달만 했으니 일어나는 상황에는 무관하다'라는 핑계를 대면서 말이다. 예를 들어보자.

"우리 엄마가 그러는데 너같이 공부 못하는 애랑은 놀지 말래."

"박 과장님이 그랬어요. 김 부장님 옷 입는 스타일 너무 세련되지 못하다고."

"지점장님이 말씀하셨어요. 고객님같이 말 함부로 하는 사람하곤 대화하지 말라고."

글쎄, 제삼자의 말을 단지 전달만 했다고 속된 말로 면피가 가능할까. 아니다. 어쩌면 전달한 사람이 더 나쁜 사람일지도 모른다. 그것이 나쁜 행위임을 모른다면 말눈치가 없어도 너무 없는 사람이다.

말에도 전달의 기술이 필요하다. 그러니 누군가의 말을 제삼자에게 함부로 전하지 말라. 좋은 얘기라도 고민해서 전달해야 하는데 나쁜 말을 무작정 알리는 것은 대화에서 일종의 범죄다. 물론 뒷담화의 내용이 꼭 대화의 상대방도 알아야 한다고 생각한다면 전달해도 되겠지만 말이다. 그런데 그런 경우가 도대체 얼마나 있을까.

투사 :
절대로
충고하지 말라

투사projection.

심리학 용어다. '자기 자신이 감당할 수 없는 욕망이나 동기 등 개인적 성향인 태도나 특성을 다른 사람에게 무의식적으로 원인을 돌리는 것'을 뜻한다. 투사는 주로 죄의식, 열등감, 공격성, 수치심 등과 같은 심리를 외부로 옮겨 자신의 심리적 경험이나 상상이 현실처럼 지각하도록 한다. 예를 들어보자.

나는 A라는 사람이 싫다. 싫어도 정말 싫다. 내가 A를 싫어하는 이유는 내가 먼저 그 사람을 싫어해서가 아니다. A가 먼저 나를 싫어했기 때문에 나 역시도 어쩔 수 없이 A를 싫어할 뿐이다.

하지만 실제로 A라는 사람은 나를 싫어하는 마음이 전혀 없다. 아니 관심조차 두지 않는다. 그럼에도 나는 적극적으로 A가 나를 싫어한다고 믿는다. 이때 나 자신의 삐뚤어진 마음이 바로 투사다.

자신의 잘못된 믿음을 A에게 넘긴 것이다. 더 큰 문제는 여기서부터다. 착각은 자신이 해놓고선 A가 나를 미워하게 만든다. 즉, A가 나를 미워한다고 생각하면서 미워할 만한 행동을 일부러 골라서 한다.

'에이, 어디 사람이 그럴 수가 있어?'라고 생각하기 전에 자문자답해보자.

'나도 혹시 이렇게 행동한 경우가 있지 않았나?'

나를 예로 들면 괜한 자의식에 사로잡혀 누군가의 마음을 섣불리 판단하고 또 그것을 끌어오는 행동을 한 적이 한두 번이 아니었다. '그 사람은 나보다는 내 옆의 친구를 더 좋아해!'라고 단정해놓고는 '그 사람'의 모습 중에서 나를 서운하게 한 행동만을 골라서 혼자 생각하고 괴로워한 일이 있었다. 구체적으로는 직장 생활을 할 때 '팀장은 나보다는 최 대리를 더 좋아해!'라고 짐짓 추측하고는 팀장이 나를 좋아하지 않을 행동만 골라서 한 적도 여러 번이었다. 부끄럽다.

이런 마음 어떻게 해야 할까. 해법은 단순하다.

'그러지 말자!'라고 생각하면 된다. 그것이 다. 그 이상 우리가 무엇인가 노력해야 할 것은 없다. 나는 상대방을 모른다. 그러니 내 자존감을 높이는 방향으로, 즉 단점에 집중하지 않고 장점을 확장하려는 쪽으로 말하고 행동하면 된다. 그뿐이다. 그 노력이 누군가의 마음에 들지 않는다면? 누군가가 구체적으로 말하기 전까지는 섣부른 판단을 유보하되, 만약 아쉬운 이야기를 직접 나에게 한다면 그땐 어쩔 수 없는 내 한계로 받아들이자.

투사란 재밌는 개념이다. 이것으로 생각해볼 만한 것이 많다. 예를 들자면 누군가에게 함부로 충고하지 말자. 사람은 약하다. 마음이 그렇다. 살짝 만져도 깨질 것 같은 마음 때문에 고통받는 사람이 너무나도 많다. 그런 사람에게 충고를 함부로 해주다가는 '투사의 대상'이 되기 쉽다. 상대방에게 피해를 주고 싶지 않다고 생각하면서도 내 말이 옳다고 생각하기에, 상대방을 위해서 하는 말이라고 생각하기에 충고한다. 가시가 돋친 것을 잃어버리면 관계는 엉망이 된다. 상대방이 내 말을 받을 준비가 되지 않은 상황에서 무심코 나간 말은 상대방에게 극심한 고통을 주기도 한다.

누군가를 사랑한다면, 진심으로 최소한의 조언은 해줄 수 있다. 하지만 최소한의 조언이나 충고를 할 때조차 대화의 형식을 고민해야 한다. 정말로 어렵게 고민한 생각을 상대방이 마음에 상처를 받지 않도록 전달하는 방법을 생각해야 한다. 그것이 제대로 된 말눈치다. 예를 들어보자. 인간관계로 고민하는 친구가 있다. 자기 주변에 사람이 없는 것 같다고 하소연한다. 누군가와 가까워지고 싶지만 잘 안 된다고 당신에게 진지하게 조언을 구한다. 이때 이렇게 말하는 것을 어떻게 생각하는가.

"괜찮아. 너는 원래 친구를 잘 사귀는 편은 아니잖아."

위로라고 한 말이겠지만 듣는 상대방의 입장에선 매우 불쾌한 말이다. '네가 뭔데 내가 친구를 잘 사귀지 못하는 사람이라고 얘기하는 거야?'라는 불만만 얻기 쉽다. 그것보다는 이렇게 말하는 것이 상대방을 존중하는 말눈치 있는 태도다.

"괜찮아. 너는 원래 가벼운 관계보다는 깊은 우정을 잘 만드는 사람이잖아."

여전히 "나는 불행해", "나는 안돼"라며 세상이 자신을 미워한다는 마음을 가지려고 애쓰는 사람이 많다. 그들을 탓하기보다는 그런 마음을 떨쳐버릴 수 있도록 사랑의 말을 해주는 것이 맞다. 도움의 손을 내밀어도 모두 밀어내는 사람이 있다면 도움의 내용을 고민하기에 앞서서 전달 방식이 어땠는지 생각해봐야 한다.

혹시 사랑하는 사람이 버림받은 사람처럼 행동한다면 스스로 회복할 기회를 갖도록 조심하는 것이 우선이다. 당신이 옳다고 생각하는 명확한 충고는 잠시 접어두는 것이 말눈치 있는 사람의 행동이다. 사람에게 필요한 것은 '합리적이며 냉정하고 현실적인 충고'보다는 '비합리적이지만 긍정적인 격려'임을 기억하자.

05

힘 있게
대화하는
말눈치가
필요할 때

심사숙고 후 말하기에
한마디로도 묵직하다

말 때문에 곤욕을 치러봤는가. 가벼운 입 때문에 곤란을 겪은 사람에게 해주고 싶은 말이 있다.

내 말이 너무나 가볍게 느껴질 때가 있다면, 말을 탓하지 말 것.
대신 그 말이 나온 내 생각의 무게를 알아챌 것.

입에서 어떤 말이 나갔는지조차도 모르는 때가 많다. 상대방이 불쾌해하는 것을 눈치채지 못한다. 이것도 한두 번이다. 반복되면 관계는 엉망이 된다. 함부로 말하다가 봉변을 당한 기억이 있다면 심사숙고하여 말하는 연습이 필요하다. 이때 핵심은 '내 말 습관을 고쳐보겠다'가 아니다. '상대방이 하는 말을 잘 들어보겠다'가 핵심이다. 내 가벼운 입은 상대의 상황을 알지 못하거나 설령 알더라도 가볍게 여기는 것에서 시작한다. 이를 극복하려면 잘 보고, 잘 들어야 한다. 예를 들어보자.

당신은 아빠다. 아이가 어느 날 당신을 보며 조심스럽게 말을 건다. 이때 당신은 아이의 눈을 잘 쳐다봐야 한다. 아이가 얼마나 힘들게 입을 열어 말하는지를 살펴보는 여유가 필요하다. 말하고 싶었지만 말하지 못한 아이의 시간을 찾아낸다면 더욱 좋다. '강요된 침묵'의 시간을 이겨내고 지금 막 아빠인 당신에게 대화를 시도하는 것을 따뜻하게 받아들일 수 있어야 한다. 아이가 침묵의 벽을 넘어 비로소 '말하는 존재'로서 자기를 내보이는 순간을 온몸으로 받아들일 때 대화는 소통이 된다.

누군가 나에게 말을 걸어온다면 누군가는 힘들게 자신의 존재를 드러내는 순간임을 잊지 말아야 한다. 나에게 대화하려는 시도 자체를 고맙게 생각해야 한다. 왜 고맙게 생각해야 하는가. 말하지 않아서 상대를 보지 못한 것이 아니기 때문이다. 그동안 상대방은 당신에게 말이 아닌 행동 등으로 관계를 맺고 싶어 했다. 하지만 그것을 당신이 눈치채지 못했기에 이제 말을 사용하여 관계 맺기를 원하는 것이다. 그러니 노력을 보지 못한 자기 자신을 부끄러워하지는 못할망정 건네는 말을 차갑게 대한다는 것은 말눈치가 없는 행위다. '말하지 않아도 말하고 있는 상대'를 무시한 자신의 모습을 부끄러워해야 한다.

말을 잘하려는 사람은 세상에 많다. 그러나 반대로 말을 잘 들으려는 사람은 그리 많지 않다. 경청이다, 적극적 듣기다 하면서 듣는 중요성을 많이 말하지만 실제로 들을 준비가 된 사람은 찾아보기 힘들다. 들을 준비가 안 되어 있다면? 절대 들을 수 없다. 이런 상황에선 듣기는 물론 말하기 역시 잘 할 수가 없다. 들을 줄 모르니 대화의 상대방에게 하는 말은 깊고 품격 있는 말이 아닌 얕고 어리석은 말뿐이다.

그냥 들을 줄만 모르면 그래도 낫다. 자신이 들은 것을 다른 사람에게 전하는 과정에서 왜곡하여 말하는 사람은 또 얼마나 많은가. 언젠가 라디오에서 '말을 전달하는 기술'에 대한 청취자의 사연을 들은 적이 있다. 뜨끔한 내용이 많았다. 운전하면서 들었는데 내용이 어찌나 내 모습과 흡사하던지 얼굴이 화끈거렸다. 기억나는 사연은 이러하다.

A와 B가 C의 집에 놀러 갔다. C가 새집으로 이사해서 집들이를 간 것이었다. 집은 20평 정도 되는 아파트였다. 과일을 먹으며 이런저런 얘기를 나눴다. 즐겁게 시간을 보내고 헤어졌다. 둘 다 집으로 돌아가는데 A가 B에게 "C가 깔끔하게 정리를 잘해놨네. 집이 아담

하니 너무 보기 좋다"라고 말했다. 그리고 며칠이 흘렀다. A가 전화를 받았다. C였다. 화가 난 목소리로 너 어쩌면 그렇게 말할 수 있느냐는 것이 첫마디였다. A는 영문도 모른 채 왜 그러냐고 물었다. C가 말했다.

"네가 B에게 내가 조그만 집에 살면서 있는 거 없는 거 다 욱여넣고 산다고 말했다면서?"

어떤가. 혹시 B가 말하는 태도, 당신의 모습 아닌가.

말은 잘 전달해야 한다. 설령 누군가 제삼자에 대해 부정적으로 말한다고 해도 우리는 말을 어떻게 전할지를 심사숙고하는 것이 먼저다. 물론 제삼자에게 말할지 말지를 결정하는 말눈치도 있어야 한다. 팩트 왜곡녀, 팩트 왜곡놈이 되어 다른 사람에게 더는 가까이하기 싫은 사람이 되기 싫다면 듣는 것 이상으로 말을 잘 전달하는 말눈치가 있어야 한다. 그렇지 않으면 내 말은 깃털처럼 가볍다는 평가를 받을 수밖에 없다.

심사숙고해서 눈치 있게 말하는 것은 내 가치를 방어하는 대화의 기술이다. 괜한 입방정으로 인간관계를 망치기보다는 심사숙고하여 차분하고 묵직한 말눈치로 대화의 질을 높이고 또 관계의 폭을 넓혀감이 어떨까.

깊이를 모르는 사람은
무엇이 중요한지 모른다

'통섭의 시대'라고 한다.

통섭, 비슷하게 쓰이는 말로 '융합'이 있다. '융합형 인간'이라고 많이 들어봤을 테다. 어떤 사람이 머리에 떠오르는가. 고루고루 많이 아는 사람? 아니다. 융합형 인간이란 이것저것 얕은 지식을 지닌 사람을 말하지 않는다. 깊은 지식으로 몇몇 분야를 '혼합'하는 사람이다. 즉, 자신이 관심 있는 영역에서 깊이를 장악하지 못한다면 융합형 인간의 자격이 없다.

설익은 깊이로 자신의 주장만 내세우는 사람이 하는 말에 귀를 기울이던 시대도 분명히 있었다. 여전히 그런 시대일지도 모른다.

하지만 얕은 이해, 즉 통찰 없는 자기주장의 시대는 끝을 보고 있다. 이제는 지식이나 데이터 자체만이 아닌 지식을 융합하고 데이터를 읽는 깊이가 중요하다. 그럼에도 아직 융합과 통섭을 오해하는 사람이 대다수다. 누군가가 당신에게 "이제 박 대리도 융합적 사고를 해야 해!"라고 말했다고 해보자. 무슨 생각을 할 것 같은가. 혹시….

'음, 나는 마케팅을 담당하는데 이런 말을 듣는 걸 보니 회사의 다른 분야에 대해서도 지식을 쌓으라는 말 같아. 이제부터 영업도 사업도 회계도 법무도 모두 조금씩 공부해서 회사 전반을 아우르는 융합형 인간이 되어야지!'

당신이 이렇게 생각한다면 융합이란 개념을 착각한 것이다. 조직이 '융합형 인간이 되라'고 말하는 것은 단순히 지식 그 자체에 매몰되지 말고 인문학적, 과학적 소양도 함께 쌓으며 한쪽에 편향되지 않은 균형적 판단력을 지니라는 의미다. 다른 분야를 기웃거리며 기존의 고유한 영역을 소홀히 해도 된다는 면죄부를 주는 것이 아니다. 자신의 영역을 더욱 치밀하게 파고들어 다른 분야를 넘나들 수 있는 '통찰력'을 가지라는 뜻이다. 이를 오해한다면 조직 생활에서 말눈치 없는 사람으로 찍히기 쉽다.

멀티의 시대는 지났다. 물론 멀티플레이어가 회사의 핵심 인재로 주목받던 때도 분명히 있었다. 영업도 잘하고, 사업도 잘하고, 회계도 잘 알고, 법무도 빠삭하고. 하지만 이제 그런 사람의 시대는 사라

져간다. 역으로 한 회사가 여전히 이것저것 할 줄 아는 사람을 원한다면 회사의 앞날이 그다지 밝지 않음을 깨닫는 판단 기준으로 삼으면 좋겠다. 기본적인 업무 배분도 제대로 하지 못하는 그렇고 그런 회사로 봐야 한다.

오늘날 세계 최고의 혁신 기업으로 불리는 회사를 보라. 구글, 아마존, 페이스북 등에서 이것저것 모든 분야를 집적거리는 사람을 인재로 여긴다는 말을 들어봤는가. 아닐 것이다. 미래에 필요한 조직의 인재는 자신의 전문 분야에서 통찰력을 끌어내고 조직에 기여하는 사람이다. 이런 시대에는 자신을 돌아보며 전문 분야를 찾아내고 그 과정에서 무엇이 중요한지를 알아내는 사람이 요구된다. 앞으로는 자신의 일에 두 배 세 배의 노력과 관심을 두고 집요하게 파고드는 사람이 주목받는다. 목소리만 큰 사람, 요란하게 지식을 뽐내는 사람보다는 '무엇이 중요한지를 아는 힘'을 가지려고 노력하며 고민하는 사람이 진짜 인재로 재평가받을 테다. 그렇게 보면 미래의 '카리스마'는 지금의 카리스마와는 사뭇 다른 의미로 재정의할 수 있다.

여기서 잠깐 카리스마에 대해 알아보자. 카리스마 하면 보통은 큰 목소리와 거친 행동 — 자신의 생각을 그대로 드러내고 또 그것을 타인이 받아들이도록 하기 위한 — 을 머리에 떠올린다. 나 역시 그렇게 생각했다. 착각이었다. 카리스마의 본래 의미는 그리스도교의 용어로 '은혜' 혹은 예수 그리스도가 인간에게 베푸는 은총의 '선물'을 의미했다고 한다. 은혜와 선물이라는 단어에 주목해보자. 은혜와 선물은 받는 사람의 입장이 중요하다. 주는 사람이 은혜를 주고 선물을 줘봤자, 받는 사람이 은혜가 아닌 배신 또는 선물이 아닌 쓰레기로 생각한다면 그것은 배신이고 쓰레기일 뿐이다. 그렇다면 이제 선물할 때도, 좋은 일을 할 때도, 대화할 때도 받는 사람의 입장을 헤아릴 줄 알아야 한다. 상대방에게 중요한 것이 무엇인지를 한 번 정도 고민해보는 사람이 사람다운 사람으로 인정받을 테다.

세상 청춘의 우상이던 스티브 잡스는 조용한 사람이었다. 쓸데없는 장소에서 권위를 과시하거나 험하게 행동하지 않았다. 그렇다고 마냥 무른 사람은 아니었다. 자기 성찰에서 비롯한 조용한 내면과 함께 고객 통찰에 기초한 사업적 단호함으로 범접할 수 없는 카리스마를 보였다. 결국 세계 최고의 기업을 일구어냈다. 이러하던 스티브 잡스가 몇 년 전에 사망했다. 많은 사람이 애플은 곧 망할 것이라고 말했다. 하지만 예상과는 달리 아직까지 승승장구한다. 그 뒤에는 스티브 잡스만큼 조용한 CEO 쿡이 있었다.

그는 '얼굴에 감정을 거의 드러내지 않아 속을 알기가 어려운 사람이기도 하다. 각종 회의나 보고를 들을 때 쿡은 언제나 같은 자세로 앉아 얼굴에 어떤 변화도 없이 이야기를 듣는다. 표정이 변하면 뭔가 문제가 있는 것이다. 로이터는 그와 친밀한 소식통을 인용해 "쿡은 질문이 많고 아이폰과 아이패드, iOS 등의 미래 방향을 빠르게 생각한다."고 전했다.'고 한다.

- 김인순, "팀 쿡 CEO, 조용한 혁명으로 애플 바꿨다", 〈전자신문〉, 2013. 8. 23.

얼굴에 감정을 드러내지 않는 사람, 속을 알기가 어려운 사람, 회의에서 표정 변화가 없는 사람, 즉 쿡 역시 전형적인 조용한 사람이었다. 조용함이야말로 세상과 끊임없이 소통해야 하는 거대한 기업 애플을 안정적으로 운영하게 한 기반인 셈이다. 쿡은 조용한 가운데 자신만의 세계에서 착실히 깊이를 더해간 사람이었다. 무엇이 중요한지를 아는 힘의 근원에는 깊은 사업적 성찰이 있다.

때와 장소를 구분 못하는 큰 목소리와 거친 행동은 카리스마가 아니다. 그것은 소란스러움이며 방정이고 무례이며 눈치 없는 행동일 뿐이다. 이제 시끄러운 카리스마를 멀리할 때다. '조용한 카리스마'가 무엇인지 인식하고 세상의 관계에서 무엇이 중요한지를 고민해야 한다. 그리고 하나의 주제에 깊이 파고들며 삶에서 진정으로 가치 있는 것이 무엇인지를 깨닫자.

기분 나쁘지 않게
거절하는 친절함

도와주는 것에도 연습이 필요하다.

'예의와 타인에 대한 배려는 푼돈을 투자해 목돈으로 돌려받는 것'이라는 말이 있다. 사람은 보통 생각을 남에게 강요하는 것에만 관심이 있다. 자신의 의지를 관철하려는 것에만 신경 쓰는 사람이 대부분이다. 배려가 어려운 일인 이유도 여기에 있다. 물론 어떤 사람이 남에게 배려가 부족하더라도 무작정 비난해서는 안 된다. 가끔은 그런 사람의 상대에게서 문제를 찾아야 하는 경우도 있으니 말이다. 상대방이 배려받을 만한 사람이 아닌 경우도 흔하다. 어쨌건 배려라는 덕목이 대화에서 중요하다는 점은 기억해야 한다. 배려로 관계를 발전시키고 자신이 원하는 것을 얻도록 노력하는 행동은 현대를 살아가는 사람의 기본 예의일 수도 있으니까.

배려에는 눈치가 필요하다. 본능적으로 배려가 잘되지 않는다면 배려의 모습을 배워야 하고, 자신이 배려하는 행동과 말이 부족하다고 느낀다면 적절하게 배려를 활용할 줄 아는 말눈치를 알아야 한다. 적절하게 보여주는 상대방에 대한 배려는 일종의 친절이며 관계를 지속하고 개선하는 매우 적합한 방법이다. 이런 말눈치가 없으면 듣는 말이 있다. 사오정이라는 비난이다. 내가 그랬다.

나는 사오정이라는 말을 많이 들었다. 대화 중에 내 생각에 빠져 전체 흐름을 놓치고 마는 경우도 많았다. 자기 생각을 다듬느라 타인의 생각, 특히 감정의 흐름을 외면하는 것은 사회생활의 도리가 아니다. '내 생각이 옳으니 다른 사람의 시선은 중요하지 않아!'라고 생각하기 전에 주위를 한 번 더 둘러보는 여유가 필요하다. 자신이 아무리 당당하다고 할지라도 타인을 관심의 눈으로 배려하지 못한다면 인간관계의 도리가 아니며 이는 사회생활에서도 문제를 일으킨다.

공감의 기술을 생각해봐야 한다. 타인에게 두는 관심은 능동적이며 긍정적인 말눈치로 가능하다. 이런 말눈치가 있는 사람은 자신만의 작은 세상을 과감히 깨뜨리는 노력에 주저하지 않는다. 다른 사람을 따뜻한 눈으로 볼 수 있는 용기를 가진 사람이 되어야 한다.

공감의 힘이 부족하다고 느낀다면 다음의 방법을 생각해보자.

작은 것부터 실천해보는 것이다. 예를 들어 타인의 일에 기뻐하는 것에서 시작해보는 것도 괜찮다. 상대방이 못한 점, 나와 다른 점을 찾아내려고 애쓰지 말자. 그럴 에너지가 있다면 상대방이 잘한 점, 나와 비슷한 점을 찾아내어 크게 기뻐하자. 기뻐하는 것 자체로도 충분히 큰 배려가 될 수 있다. 그것만으로도 말눈치가 있는 사람이라고 평가받는다.

배려는 물질적으로, 직접적으로 도와주는 것만이 전부가 아니다. 상대방의 생일날 축하 문자메시지 하나 보내는 것도 배려를 훈련하는 좋은 방법이다. 오히려 사소한 행동 하나가 세상 사람과 원활한 인간관계를 맺는 최고의 방법일 수도 있다.

개인적인 경험을 말해본다. 책을 몇 권 냈다. 책을 보고 강연 요청이나 인터뷰를 요청하는 사람이 꽤 있다. 찾는 곳도 다양하다. 일반 기업체나 교육기관은 물론 여성을 위해 강좌를 개설하는 문화센터, 누군가에게 봉사하지만 정작 봉사에 따른 다정한 말 한마디 받지 못하는 봉사 단체 등이다.

나는 시간이 남는 한에서 강연한다. 그런데 특히 기억에 남는 곳이 있다. 한 공공기관이다. 보통 공공기관이 아니다. '절대적 갑'의 입장에서 근무하는 사람으로 가득한 곳이다. 이상했다. '누군가의 말로 상처를 받는 경우가 그리 많지 않은 사람이 모인 곳일 텐데…'

라고 생각했다. 그래서 나에게 강연을 요청한 사람에게 물어봤다. 그랬더니 최고 책임자인 기관장이 내 책을 읽고 직접 강연을 요청 했단다. 요지는 간단했다.

"'을'의 입장에 있는 분들이 우리를 편하게 느낄 수 있도록 교육해 주십시오."

아, 세상에. 이런 곳도 있구나. 직원들이 말로 혹시 상대에게 상처 를 주지는 않을까 싶어서 교육하고 싶다는 것이었다. 강연일이 왔 다. 준비해서 찾아갔다. 전 직원이 모였다. 시작 전 기관장이 인사말 을 했다. 그저 그런 뻔한 인사말이려니 하고 듣고 있다가 깜짝 놀랐 다. 바로 대화의 달인이었기 때문이다.

"우리와 계약을 맺으려는 회사의 영업 사원은 계약 하나로 자신 의 생계를 잃을 수도 있는 사람입니다. 우리와 계약 하나 못 맺으면 회사 유지가 힘든 곳도 절박한 곳도 많습니다. 그들과 모두 계약을 할 수는 없습니다. 하지만 계약하지 못한 회사에 위로의 말, 격려의 말 등은 충분히 해줄 수 있지 않을까요? 어려운 처지에 놓인 사람에 게 냉정한 충고 대신 따뜻한 배려와 친절의 말 한마디 건넬 수 있도 록 해봅시다. '규정도 몰라요?'라고 타박하기보다 '규정 찾기 힘드시 죠? 제가 이메일로 보내드릴게요' 혹은 '저는 힘들지만 다른 부서로 가시면 해결할 수도 있을 것 같습니다' 등으로 말이죠."

그렇다. 위의 인사말처럼 친절에도 훈련이 필요하다. 무작정의 친절은 오히려 거짓된 친절이라는 느낌만 들게 한다. 기분 나쁘게 거절하지 않는 친절 그리고 배려의 말눈치를 배워야 한다. 그것이 대화의 상대방을 감동하게 하고 관계를 개선하며 서로의 성장을 도와주는 계기로 작용한다.

호감을 사는
침착한 목소리

목소리에 대해 이야기를 해볼까 한다.

내향성, 외향성이라는 기질이 있다. 이 둘을 목소리로 판단할 수 있을까. 가능하단다. 한 논문에 따르면 목소리로 말하는 사람이 외향적인지 아닌지를 3초 만에 판단할 수 있다고 한다. 또한 사회에서 선호하는 목소리가 있는데 높은 억양과 큰 진폭을 지닌 목소리라고 한다. 이런 목소리를 사람은 '긍정 정서'가 담긴 목소리라고 생각한단다.

좋은 목소리를 가진 사람은 풍부한 사회적 참여와 지지 체계를 유지한다. 그래서 삶의 다양한 영역, 즉 소득과 건강 등에서 이로운 결과를 산출하는 원동력이 된다고 하는데…혹시 당신, 이쯤에서 정신이 번쩍 들지 않는지.

목소리만 큰 사람이라고 평가되는 사람이 있다. 부정적인 의미가 잔뜩 담긴 말이다. 하지만 위의 논문을 보면 우리가 비웃는 목소리만 큰 사람이 성공할 — 세속적인 의미일 수는 있겠으나 — 가능성이 크다니 이것 참 고민해볼 만한 일이 아닐 수 없다.

같은 능력을 지녔는데 단지 목소리가 더 크다고 성공할 수 있다니! 억울하다. 일단 나부터 확인해봤다. 내 목소리는 어떻지? 내 목소리에 귀를 기울여보니 억양은 낮았고 목소리의 진폭은 크지 못했다. 자신감이 부족한 듯이 느껴졌고, 떨림이 있었고, 약해 보였다. 나는 사회에서 선호하는 목소리를 가지지 못한 것 같았다. 목소리 때문에 타인에게 긍정적인 정서를 주지 못하다니. 그렇다면 어떻게 해야 할까. 목소리를 바꾸면 된다. 그것이 가능한 일이냐고? 하나의 사례를 알려주겠다.

한의학을 공부하는 사람들의 모임에 참석한 적이 있다. 첫날이라서 서로 자기소개를 하는 시간을 가졌다. 한 사람이 자기를 소개하는데 잘 들리지 않았다. 작은 목소리에 기氣가 부족하게 느껴지는 음성이었다. 그때 모임을 주도하던 선생이 그 사람에게 충고했다.

"목소리가 너무 약해요. 기가 부족해요."

"제가 어렸을 때부터 목소리가 약하다는 말을 들었어요. 근데 원래 그런 걸 어떻게 해요?"

선생이 웃으며 말했다.

"세상에 '원래'가 어디 있어요? 고치면 되지. 앞으로 '음매 연습'을 해보세요."

음매 연습이라니? 알고 보니 소가 우는 소리 '음매'를 시간이 날 때마다 낮고 굵게 연습해보라는 것이었다. 연습으로 자신의 목소리를 다스리면 결국에는 굵고 단단한 목소리를 가질 수 있다고 했다. 목소리뿐만이 아니었다. 목소리가 강해지면 몸도 건강해진다는 ─ 정말일까? ─ 말도 했다. '아니 이렇게 좋은 방법이?'라는 생각이 들었다. 그래서 나도 한때는 길거리를 다닐 때 사람이 없으면 혼자 '음매'를 나지막이 외치며 돌아다니곤 했다. 물론 게으름 때문에 멋지고 힘 있는 중저음 목소리를 갖는 데 실패했다. 생각난 김에 다시 한 번 해볼까?

"음매~!"

목소리는 사회생활에서도 중요하다. 그러니 아무렇지도 않게 사용하는 내 소중한 목소리를 확인해보는 시간을 지금 당장 갖기를 바란다. 무엇인가를 얻어내기 위한 협상의 현장 등에서 목소리는 매우 중요한 커뮤니케이션의 기술이다. 일상에서 나를 표현하는 수단인 목소리의 기여도를 과소평가했다면 이제 생각을 달리하자. 같은 내용이라도 어떤 목소리냐에 따라서 상대방이 받아들이는 것이

달라진다면 얼마나 억울한가. 굵고 단단한 목소리는 상대방에게 침착한 인상을 남긴다. 함부로 범접할 수 없는 위엄을 느끼게 한다. 물론 작은 목소리를 '불안감', 좋게 말하면 '조심성' 때문이라며 변명할 수도 있겠다. 하지만 불안하다고, 조심스럽다고 내 말의 힘까지 축소해서야 되겠는가.

이런 우스개를 들어본 적이 있다. 교회 오빠들이 동경의 대상인 이유가 목소리가 좋아서란다. 얼굴이 평범해도 목소리가 좋으면 인기가 있단다. 교회를 다니지 않으니 모르겠지만 그런 오빠들은 성가대원인 경우가 많다고 한다. 저음 위주의 찬송가를 부르다 보니 목소리의 울림이 굵어지고 맑아지며 상대의 마음을 움직이는 좋은 목소리를 갖게 되는 것이라나? 그래서 남자의 매력은 중저음이라고 한다. 실제 영화배우 이병헌, 이선균 등을 봐도 그렇다. '메라비언의 법칙'이 있는데 목소리가 좋으면 메시지 전달의 38퍼센트는 이미 성공한 셈이라고 한다. 그러니 그동안 우리가 목소리를 얼마나 내버려 뒀는지 한 번 생각해볼 필요가 있겠다. 생각만 하지 말고 이왕이면 연습도 해보자. 무엇인가를 얻어내는 협상의 현장에서 잘 써먹을 수 있을지도 모르니 말이다.

이런 것을 보면 말하기는 참으로 어렵다. 간신히 말눈치를 배웠는데 목소리도 바꾸라고 하니 말이다. 말하기도 힘들고, 말해놓고도 힘들고, 말 때문에도 힘들다. 그렇다고 말을 안 할 수는 없다. 말을 왜 하는가. 원하는 것을 얻기 위해서다. 세상에 의미 없는 말은 없다. 혼잣말도 목적이 있다. 슬픔에 지친 혹은 기쁨에 겨운 나를 위해 위로하거나 격려하기 위해서니까 말이다. 목적을 잃어버린 말은 자신에게는 몸과 마음의 낭비요 상대방에게는 이해할 수 없는 아기의 옹알이와 같다. 목적, 즉 우리가 원하는 것을 얻기 위해서는 힘들더라도 '약간의 노력'을 해야 한다. 그럼에도 우리는 자기가 하는 말에만 의미를 두느라 정신이 없는 경우가 많다. 나 역시 마찬가지였다.

"내가 몇 살인데?"

"무슨 말 하기를 연습해야 해?"

"말하는 태도가 하루 만에 바뀔 수 있나?"

모두 내가 과거에 생각한 것이다. 지금 생각해보면 자존심을 방어하기 위해 스스로 위로하려고 했다. 자존심을 방어하려는 나에 충실하다 보니 수동적인 자기 위로로 일상을 버텨나갔다. 특히 대인관계에서는 더욱 그러했다. 조직에서 적응할 때도 어려움을 겪었다. 적극적으로 이끌어가는 사람이 되는 것보다는 끌려가는 사람이 되곤 했다.

지금에서야 후회한다. '세상을 잘 살아가는 데 필요한 말과 행동을 배웠더라면…' 이제 하나 더 추가해야겠다. '목소리를 훈련해야 했는데…' 굵은 목소리를 내는 훈련까지 해야 하다니. 억울한가. 우리가 원하는 것을 얻으려면 오직 진심 하나만으로는 가능하지 않은 곳이 현실 세상임을 인정해야 한다. '이렇게 진심을 다하는데 세상은 왜 나를 몰라주는 걸까?'라고 답답해하기 전에 '진심은 기술을 이길 수 없다'고 인정할 것은 인정하자.

사람은 생각보다 진정성이라든지 진심 등을 신뢰하지 않는다. 보이는 것, 들리는 것으로만 판단한다. 물론 내 말 그리고 목소리에 진심이 있다면 더욱 좋다. 하지만 기술이 없는 진심은 늘 실패하는 것이 현실이다. 자신이 가진 것을 포장하는 능력, 상대가 좋아하는 것을 알려는 노력은 우리가 치열한 삶의 현장에서 배워야 할 덕목이다.

당신이 진심을 다했고 또 그 결과에 초연할 수 있다면 괜찮다. 하지만 성인聖人이 아닌 이상 최선을 다한 일에는 그에 따르는 좋은 결과를 바라는 것이 사람 심리일 테다. 목적이 있어 말한 것이니 말이다. 하지만 진심을 다했다고 원하는 것이 저절로 이루어지리라 믿는다면 그만큼 순진한 일도 없다. 내 나름대로 거짓 없이 진심으로 말했다고 해보자. 받아들이는 사람이 수용하지 않거나 혹은 무관심하다면 결과는 나쁜 것이다. 내 진심과는 관계가 없다.

진심이 담긴 말을 하는 것, 중요하다. 하지만 그보다 더 중요한 것은 다소 진심이 '덜' 들어갔더라도 상대방이 좋아하는 것을 말해주는 것도 기술임을 삶의 현장에서 소통을 공부하며 느낀 생각이다. 즉, 커뮤니케이션은 하나의 기술임을 잊지 말자. 목소리를 변화하려는 노력 역시 기술의 분야다. 기술을 발전시켜 커뮤니케이션 통로를 확보하고 언젠가는 내 진심을 상대방에게 잘 전달하도록 프로세스를 세우자. 우리가 원하는 것이 무엇인지 확인하고, 말하는 기술을 배우며, 상대방이 원하는 것을 알아내는 능력을 발전시키기 위한 끊임없는 노력만이 완성된 커뮤니케이션을 만든다.

자, 다시 한번 결론을 내보자. 불안이나 걱정 때문에 우리 목소리까지 불안해서는 안 된다. '음매 연습'을 하고, '쓸데없는' 불안이나 걱정이 오면 다른 것으로 해결해보자. 노래방에서 낮은 목소리로 노래도 해보고, 그래도 불안이나 걱정이 머리에 남는다면 아예 불안하게 하는 것을 머리에 떠올린 후 "똥이야!"라고 외쳐버려 보자. 그 무엇이라도 좋다. 한 번 시도해보자. 굵고 침착한 목소리, 교회 오빠 같은 목소리를 갖는 훈련을 해보자. 그깟 목소리 때문에 우리가 불이익을 당하는 일만은 정말 없었으면 좋겠다.

깊고 진지한 대화는
여운을 남긴다

"신중함은 용기의 일부다."

셰익스피어의 말이다. 함부로 나서지 않는 것은 신중하기 때문이다. 신중하다는 것은 용기가 있다는 말이다. 용기 없는 사람은 신중하지 않다. 신중하지 않기에 함부로 나선다. 신중함은 대화를 깊고 진지하게 이끈다. 그리고 의미 있는 여운을 남긴다. 대화로 무엇인가 원하는 것을 얻고자 하는 우리에게 필요한 것은 신중할 수 있는 용기다. 신중하기 위해선 자신이 처한 상황을 잘 살펴보는 노력이 필요하다.

"인류는 원래 내향적이다"라고 말한 사람이 있다. 유명한 생물학자 에드워드 윌슨의 연구 결과다. 윌슨은 '우리 조상이 초원에 살 때를 생각해보자. 무엇인가에 의해 관찰 당하는 것은 동물에게 추적 당하는 것을 뜻했으며 이때 인간은 동물과 맞서서 싸우기보다 어딘가로 도망치는 것을 선택했'고 했다.

우리는 원래 신중함이라는 유전자를 갖고 있단다. 예를 들어 누군가 나를 쳐다보면 불안한 이유도 신중함이라는 유전자가 내 몸속에 있기 때문이다. 그러니 갑자기 무대에 올라가서 연설이라도 해야 하는 상황이라면 마음이 불편해진다. 무대에 오른다는 것은 청중에게 평가받는 즉, 추적당하는 입장에 선 것과 같다. '나를 추적하는 듯' 쳐다보는 수많은 눈동자를 마음 편하게 대할 수 있는 사람은 거의 없다. 마음이 너무 편하다면 이상한 것이다.

이렇듯 인간은 원래 신중했다. 내향적이었다고 할 수 있다. 다만 사회를 이루어 살아가야 했고 사회는 익명성을 전제로 했기에 문제가 생겼다. 모르는 사람과 교류가 필요하다보니 외향성이 필요해진 것뿐이다. 혹시 당신이 내향적인 사람이라는 소리를 듣는다면, 그래서 지나치게 신중하다는 평가를 받는 사람이라면 나는 당신에게 오히려 존중의 박수를 보낸다. 당신은 시끄러운 세상에서도 살아남을 수 있는 당신만의 무기를 잘 간직하는 사람이다. 우리 인류가 지금까지 이렇게 문명을 이루어내고 또 수많은 살아 움직이는 것의 주인이 될 수 있던 이유는 신중함 때문이었으리라.

신중의 반대는 경솔이다. 경솔할 때 얼마나 많은 문제가 생기는지를 우리는 일상에서 흔하게 접한다. 특히 경솔하게 말하다가 관계의 단절이나 증오심을 일으키는 경우는 비일비재하다. 말눈치 없는 사람이 경솔하게 말한 사례를 뉴스에서 몇 개 찾아봤다.

사례 1)

A는 인스타그램 스토리(프로필 사진을 클릭하면 볼 수 있고 24시간 이내 삭제되는 사진 혹은 영상)에 한 영상을 게재했다. 공개된 영상에는 '장례식장 앞'이라는 간판과 함께 장례식장 안내도 일부분이 보인다. A가 장례식장에 방문했다는 것을 알 수 있다. 영상과 함께 A는 "육개장 먹어야 할 듯"이라는 한마디를 남겼다.

사례 2)

B는 이탈리아 여행에서 찍은 사진 한 장을 인스타그램에 올렸다. 사자 모양의 문화재에 올라타 앉아 인증샷을 찍은 모습이었다. 사진 밑에는 "일초 후에 무슨 일이 터질지도 모르고 난 씩씩하게 저기 앉았다가 혼났다. 나 떨고 있니 오마 후다닥"이라는 글도 함께 남겼다.

사례 3)

C는 라디오 방송 도중 자신의 잇몸이 콤플렉스라는 이야기를 꺼냈다.

곧이어 노래가 흘러나왔고, 마이크가 꺼진 줄 알았던 C는 "OOO 씨도 수술했나 보다. 이제 잇몸이 안 보인다"며 이야기를 계속했다.

당신은 사례 1)~3)을 어떻게 생각하는가? 장례식장에 가면 늘 육개장을 먹으니 문제가 될 만한 일이 아니라고 생각하는가? 우리나라 문화재도 아닌 다른 나라에 놀러갔다가 인증샷 한 장 남기려고 한 것인데 뭐가 문제라고 생각하는가? 내 목소리가 들리지 않는 줄 알고 다른 사람 이야기를 조금 했다고 문제가 되는가라고 생각한다면 당신 역시 신중함이 필요하다. 경솔한 말눈치 때문에 곤혹을 치를 수도 있다.

사례 1)의 경우 이를 본 사람은 경건하고 차분하게 고인의 넋을 기리는 장례식장에서 지나치게 농담했다고 말했다. 유가족 감정을 전혀 고려하지 않았다는 지적이 나왔다. 이에 A는 반성의 뜻을 SNS에 올렸다. 사례 2)의 경우도 마찬가지로 비난이 일자 글을 올린 당사자 B는 인스타그램에 사진 속 자신의 행동이 신중을 기하지 못한 경솔한 행동이었다고 사과문을 올렸다. 사례 3)의 경우는 전형적인 뒷담화로 청취자에게 받아들여지면서 곤혹을 치렀고 결국 C 역시 사과문을 게재했다.

깊고 진지하게 대화할 수 있어야 한다. 자신의 내일을 기대하고 걱정하는 사람이라면 더더욱 그러하다. 아무리 가벼운 이야기라도 외부에 표현하려 한다면 이야기의 전후사정에 대해 '사실 확인' 정도는 할 줄 아는 말눈치가 필요하다. 누군가와 좋은 여운을 남기며 미래에 더욱 나은 관계로 발전해나가고 싶다면 '말하기 전에 신중함'을 늘 생각하자.

가끔은 상대방의 실수를
눈감아주자

'배영수'를 아는가.

야구선수다. 현재는 프로야구 한화 이글스의 투수이다. 수년 전에 삼성 라이온즈에서 10년 이상 선수 생활을 했다. 우완 강속구 투수로 프랜차이즈 스타였고 별명 역시 '푸른(삼성 라이온즈의 상징적인 색깔) 피의 에이스'였다. 야구를 조금이라도 아는 사람이라면 알겠지만 몰라도 괜찮다. 배영수 선수의 야구 기록을 말하려는 것이 아니니까.

몇 년 전의 일이다. 프로야구 삼성과 두산의 경기 때였다. 배영수가 투수를 하고 있었다. 그런데 삼성의 주전 유격수 김상수 선수가 실책을 범했다. 3점을 상대팀에게 헌납했다. 엎치락뒤치락하는 경기에서 수비의 도움을 얻기는커녕 오히려 팀이 패배에 몰린 순간이었다. 보통의 투수라면 기분이 어떨까. 실수한 선수를 어떻게 바라볼까. 짜증 나는 표정을 짓지 않았을까.

당시 투수로 있던 배영수 선수는 그렇지 않았다. 실수해서 선배를 볼 엄두도 내지 못하고 땅만 보는 김상수 선수를 소리 높여 불렀다.

"상수야!"

자신의 부름을 못 들은 것처럼 보이자 한 번 더 소리를 높인다.

"상수야!"

그때서야 김상수 선수는 배영수를 보았다. 그러자 배영수는 글러브를 낀 왼손과 공을 잡은 오른손으로 마음을 가라앉히라는 표시만 하고 돌아섰다. '괜찮아. 아무렇지도 않으니까 힘내'라는 표정과 함께.

2010년 7월 15일의 일이었다. 이렇게 선배가 후배의 잘못을 다 독여주는 팀의 성적이 나쁠 수가 있겠는가. 결국 그해 우승은 물론 2012년부터 2014년까지 3연속 한국시리즈 우승을 차지하며 삼성 라이온즈는 2000년대 한국 프로야구 최강의 팀으로 거듭났다. 배영수 선수는 안타깝게도 부상의 후유증으로 삼성 라이온즈를 떠나 한화 이글스의 선수로 변신했다. 그 이후로는 다소 부진한 성적을 낸다.

하지만 사람들은 후배들에게 신뢰를 받고 팀의 중심을 잡으며 활동하던 삼성 라이온즈 선수였을 때의 배영수를 기억한다. "프로야구 삼성 시대의 뒷받침이 된 사람은 배영수 선수였다!"라는 말에 이의를 달 사람은 별로 없을 것이다.

실수, 가끔은 눈감아주는 것도 기술이다. 우리 모두 실수하고 산다. 실수 없이 어떻게 삶을 살 수가 있는가. '오답으로 살아봐야 정답을 찾을 수 있다'는 말도 있지 않은가. 타인의 실수를 논리적으로 지적하는 것, 보통 사람이 저지르지 말아야 할 실수다. 가끔은 편하게, 여유 있게 상대방의 실수를 눈감아주는 말눈치가 우리에겐 필요하다. 우리가 먼저 상대방의 실수를 민감하게 받아들이지 않을 때 비로소 상대방은 공감의 대화를 할 준비를 한다.

플라세보 :
웬만한 말보다
나은 웃음

플라세보 효과.

'투약 형식에 따르는 심리 효과'라는 말로 설명된다. 예를 들어 플라세보라는 약리학적으로 비활성 약품(녹말, 우유, 증류수, 식염수 등)을 약으로 속여 환자에게 먹였을 때 유익한 작용을 한 경우에 플라세보 효과가 나타났다고 한다.

플라세보의 어원은 '만족시키는'이라든가 '즐겁게 하는'이라는 뜻을 가진 라틴어다. 서양에서는 이 방면의 연구가 활발한데, 플라세보의 유효율은 무려 30퍼센트 정도나 된단다. 소화가 안 되어 고생하는 사람에게 소화제를 닮은 사탕 하나를 주면서 물과 함께 삼키라고 하면 10명 중 3명은 나아진다는 사실! 흥미롭다. 그뿐이랴. 더욱 신기한 연구 결과도 있다.

의약품은 흔히 예상하지 않은 부작용이 나타나는 일이 있다. 그런데 부작용 역시 플라세보에 나타난다는 것이다. 예를 들어 피부병 약으로 유명한 A라는 약품과 B라는 플라세보를 환자 40명에게 투약하니 피부병 증상 개선은 물론 부작용까지 나타난다는 말이다. 다시 말해, 아무런 약효가 없는 플라세보를 먹은 환자에게도 두통, 소화불량, 구토, 가려움 등이 나타났다는 뜻이다. 이렇게 약효가 없는 플라세보조차 심리적으로 부작용을 나타내는 일이 있다.

플라세보 효과를 대화의 현장에서 활용할 수 없을까. 아무런 내용이 담기지 않으면서도 효과를 보는 것, 그것은 바로 웃음이다. 웃음 그 자체로는 아무런 내용을 담지 않은 행위지만 효과는 웬만한 말보다 훨씬 나을 수 있다.

드라마 '미생'은 직장 상사의 리더십 문제를 공론의 장으로 끌어올렸다. 이 드라마에는 다양한 종류의 리더십이 등장한다. 특히 따뜻한 말 한마디로 사기를 북돋아주는 캐릭터는 현재 직장을 다니는 나조차도 '저런 상사 밑에서 일해보고 싶다'는 설렘을 품게 했다. 이제 리더십은 단순히 힘으로 윽박지르는 것이 아니다. 자신을 따르는 사람에게 부드러운 표정과 밝은 웃음으로 대할 때 대화의 통로는 열린다. '서번트 리더십'의 시대가 온 것이다. 다른 사람을 섬기는 사람만이 리더가 될 수 있다는 점을 기억해야 한다. 일방적이고 강압적인 과거의 제왕적 리더십, 즉 '나에 의해BY ME'가 아닌 따뜻하면서도 상호협조적인 '나와 함께WITH ME' 리더십이 통할 수 있다.

대단한 것을 보여주기보다 편한 웃음으로 시작해야 한다. 타인에게 자신을 개방하는 노력이라고 생각하자. 자신의 계획에 따라 목표를 하나씩 성취해나가는 것 좋다. 하지만 그 결과의 끝에 '사람 없는 성과'만 남는다면 얼마나 허망한가. 1인 기업을 하지 않는 이상 말의 내용뿐만 아니라 형식도 늘 고민해야 한다. 내 편이면 오히려 무심해지고 내 편이 아닌 사람과는 만남을 자제한다면 좋은 대화를 만들어낼 수 없다.

이제 아무런 내용도 없는 웃음으로 '자기 개방' 훈련을 시작해보자. 내 말과 행동을 기쁨과 행복으로 포장하여 타인에게 보여주는 것도 일종의 말눈치다. 내 편은 물론 내 편이 아닌 사람에게까지 개방적인 커뮤니케이션을 시도해보자. 내 편이 아닌 사람에게는 관계 회복의 말을, 내 편인 사람에게는 무한한 신뢰와 애정의 말을 수시로 하는 말눈치가 필요하다. 이때 잔잔하고 따뜻하며 상대방을 존중하는 시선과 함께 드러내는 웃음은 관계를 개선하는 플라세보와 같은 역할을 한다.

니체는 '오늘 가장 잘 웃는 자가 최후에도 웃을 것이다'고 말했다. 이제 먼저 웃자. 지나칠 정도로 명쾌하고 논리적으로 얘기하려는 습관도 어쩌면 결벽증이다. 그보다는 노홍철이 한 프로그램에서 한 말을 기억해두자.

"웃어서 행복한 겁니다."

말도 안 되는 소리라고 할 수도 있겠지만 실제 대화의 현장에선 틀린 말이 아니다. 자신을 지나치게 비하하지 않으면서 먼저 웃고, 자신을 타인에게 개방하는 것은 훌륭한 말눈치의 지혜다. 앞서 생각하고 판단하지 말고 동료에게 먼저 다가서기, 속마음 먼저 얘기하기, 힘들면 힘들다고 먼저 얘기하기, 기쁘면 기쁘다고 먼저 말하기 등으로 자신을 개방하고 타인의 모습에 대해서도 개방적인 반응을 보인다면 우리 대화는 한층 풍요로울 테다.

내 말눈치를 키우는
워크북

[1]

해야 할 말이 있고, 하지 말아야 할 말이 있다.

해야 할 생각이 있고, 하지 말아야 할 생각이 있다.

해야 할 행동이 있고, 하지 말아야 할 행동이 있다.

[2]

부록에서는 본문의 내용 중 핵심적인 부분에 대한 체크와 함께 간단한 사례를 제시하였다. 이를 보면서 본문에서 읽은 내용을 되새겨보는 시간을 가져보면 좋겠다. 말이란 습관이기 때문에 고치기 힘든 것이 당연하다. 게다가 소통의 성공은 내가 전달하려는 것이 아닌 상대방이 받아들인 것에서 결정되기 때문에 힘들다. 조급하게 서두르지 말고 조금씩 소통 기술을 커뮤니케이션에 적용해나간다면 이전보다 개선된 자신의 말눈치를 발견할 수 있을 것이다.

[3]

본문을 모두 보고 나서 부록을 그 다음에 읽을 필요도 없다. 부록을 훑어보다가 어색한 부분이 있다면 본문에서 찾아보는 것도 괜찮다. 예를 들어 'No Talks' 아래에 "숫자는 인격이다"라는 말이 있다면, 왜 이 말을 하지 말아야 할 말로 분류했는지 한 번 생각해보고 해당 본문을 읽으면서 이해하는 것이다. 부록은 여백을 충분히 두었으니 자신의 생각을 메모하면서 본문과 비교해보는 것도 좋겠다. 그러다 보면 당신이 생각한 말눈치의 기술이 책의 내용보다 훨씬 설득력 있을 수도 있다. 그것이 당신의 말눈치가 진정으로 개선된 증거이다.

정중한 태도는
마음을 열기 쉽다

말눈치가 있는 사람이라면 정중함을 잃지 않는다. 사생활 등 개인의 관점에서 생각이 다른 주제를 말할 땐 긴장의 끈을 놓치지 않는다. 서로를 아는 것, 당연히 좋은 일이다. 하지만 아는 정도를 조절할 줄 아는 사람이 말눈치 있는 사람이다.

No Talks

"그나저나 정연 씨는 한가한가 봐. 퇴근하면 공자인지, 플라톤인지 얘기하면서 노닥거린다며? 이야, 나는 신문 읽을 시간도 없는데. 세상 참 쉽게 산다."

겸손하게 말하면
더 높아 보인다

겸손이 얼마나 아름다운지 세상 사람이 알기를 바란다. 겸손은 지혜를 불러온다. 가장 아름다운 지혜는 지나치게 영리함이 없는 데 있다. 겸손은 세상과의 불화를 이기는 힘이다. 겸손으로 무장한 말눈치는 그 어떤 세상과도 어울린다. 반대로 겸손이 모자란 사람의 말은 늘 단정적이며 일방적이기에 세상과 충돌을 일으킨다.

No Talks

"그건 늘 있는 일이야. 그냥 네가 참아."

→ "그런 일이 있었어? 어떻게 그걸 견뎠어?"

"모든 사람이 그렇지는 않아. 네가 운이 없는 거야."

→ "그런 일이 있었어? 정말 힘들었겠다."

"아, 됐어. 뭘 그 정도 갖고 그래. 별일도 아닌데."

→ "그런 일이 있었어? 괜찮은 거야?"

상대를 생각하고 말하면
믿을 만한 사람이 된다

상대를 생각하고 말할 줄 알아야 한다. 이를 위해선 우선 나 자신을 치열하게 반성해야 함은 기본이다. 이와 함께 상대방을 존중하는 마음 역시 필요하다. 상대방이 돈 없고, 덜 배우고, 착하기만 하다고 얕잡아 보고 함부로 말하다간 거꾸로 봉변을 당하기 쉽다. 약자 역시 자신만의 방식으로 자신의 공간에서 싸우고 버텨왔다는 사실을 깨달아야 한다. 그렇지 못하면 내 말은 위로나 격려가 아닌 건방과 모욕으로 들릴 수 있다. 반성하고 상대방을 존중한다면, 그리고 상대방의 처지에서 생각할 줄 아는 말눈치가 있다면 세상 어느 곳에서도 누군가에게 신뢰받고 믿음을 주는 사람으로 자리 잡을 수 있다.

No Talks

"바지 입고 오면 안 돼. 프레젠테이션 하는 자리니까. 여자는 치마를 입는 게 예의야. 알지?"

대화가 싫어진 이유는
비교에 있다

겉으로 드러난 객관적 수치로 사람을 비교하는 것이 조직 커뮤니케이션의 기준이 되어서는 곤란하다. 진정한 대화란 '겉의 숫자'가 아닌 '속의 잠재력'을 보는 것을 말한다. 단순히 수치로 사람을 비교하는 것이 아니라 사람이 가진 능력과 특징을 충분히 이해하고 받아들여야 한다. 그래서 그것을 통해 모두 성장할 수 있는 계기를 마련하도록 노력하는 자세가 올바른 대화 자세다.

No Talks

"숫자는 인격이다."

딱딱한 분위기를 풀어주는
커피믹스 한 잔

어떤 문제가 발생했다. 문제의 상황에 직면한 상대방이 친구, 후배, 혹은 부모님이라고 해보자. 이때 문제의 해결책을 빨리 찾아서 얼른 논리적으로 말하고 싶은가. 그것이 상황을 해결할 것 같은가. 아니다. 그 이전에 상대방의 상황을 탐색하는 것이 우선이다. 우리가 생각해야 할 것은 '어떻게 문제를 해결할 것인가'의 적극적 커뮤니케이션이나 '어떻게 이 상황에서 벗어날 수 있는가'의 소극적 커뮤니케이션이 아니다. 우리에게 필요한 것은 '지금 저 사람의 상황이 어떤 것일까'라는 공감의 커뮤니케이션이요 말눈치다.

Do Talks

- -

"나 때문에 힘들지?"

걱정 많은 덕분에
준비도 철저하다

늘 걱정하는 사람이 주위에 있다면 잘 준비한다고 인정해주기 바란다. 또한 조용히 걱정하는 개성을 존중하길 바란다. 상대방 스스로 걱정을 너무 많이 한다고 생각할 때라도 "걱정하는 걸 보니 잘 준비하고 있구나"라고 격려하면 된다. 여러 명이 모여서 시끄럽게 토론한다고 늘 정확하게 결론이 나는 것은 아니다. 배가 산으로 가는 경우보다는, 실수하면서 우왕좌왕하기보다는, 서로에게 책임을 전가하느라 시간을 보내는 것보다는 자기 스스로 고민하고 반성하는 모습이 더욱 중요하지 않을까.

Do Talks

"늦기에 오히려 준비가 잘 될 거야."

가짜 관심은
상처를 남긴다

명절 때만 되면 스트레스를 호소하는 사람이 많단다. 명절 스트레스는 평소의 스트레스와 달리 일순간에 집약되는 특성이 있으며, 이 때문에 화병에 걸리기도 십상이란다. 특히 누군가와 비교당하는 말을 들으면 스트레스 수준은 극에 달한다. 선의로 한 — 절대 선의가 아니지만! — 취업, 대학입학 등에 대한 말은 콤플렉스를 가진 사람에게는 최악이다. 상처를 준다. 상처는 아물더라도 큰 흉터를 남긴다. 상대방의 기분은 헤아리지 않고 기본적인 눈치조차 없는 잔인한 말이다. 그러니 누군가의 콤플렉스에는 절대 접근 금지! 잘 모르겠다면 아예 묻지도 말라, 제발!

Do Talks

삼촌 : 요즘 잘 지내지? 명절에 좋은 복 많이 받아야 한다.

조카 : 네, 삼촌. 감사합니다.

질문하면
상대를 알기 쉽다

'지혜로 향하는 첫걸음은 모든 것에 대해 질문하는 것이다'는 말이 있다. 질문에는 질문으로 대답하면서 대화를 이끌어가는 것이 커뮤니케이션을 부드럽게 하는 말눈치가 아닐까 생각한다. 상대의 생각을 재차 물어보는 질문으로 분위기가 부드러워지고, 질문자의 자기 성찰적 대답에서 성장 도구로 삼을 수 있는 수많은 통찰력을 얻으니 그 효과는 상당하다.

No Talks

"내가 다 너를 위해서 하는 말이야!"

분위기를 파악하는 능력이
대화 주도권을 잡는다

'무슨 말이라도 해야 해'라고 조급해하지 말자. 그보다는 다음과 같은 말눈치가 있어야 한다. 분위기를 살펴보고 내 의견을 정리하자. 그리고 말하자. 한 문장으로 잘 와닿질 않는다면 이렇게 정리하자.

하나, 분위기
둘, 생각 정리
셋, 말해보기

이제 '하나, 둘, 셋'을 마음속으로 세면서 조심스럽게 말을 시작하자. 이렇게 말하니 말하는 것이 무서울 수도 있겠다. 아니다. 그렇지 않다. 그저 적절히 상황에 따른 대화를 할 수 있다면 그것으로 충분하다. 지금까지 잘해왔을 테니 앞으로 조금만 더 개선하자는 말이다.

No Think

'말 안 한다고 뭐라 그러기 전에 아무거나 말하자.'

엄격한 사람에게도 통하는
긍정적인 표현

생전 처음 만나는 사람들이 있는 모임에 나갔을 때 어색함을 없애는 응급 대화법 하나를 알려주고 싶다. '오늘은 무조건 내 앞의 상대방에게 멋진 점 세 가지를 말하고 와야지!'를 생각하고 나가는 것이다. 상대방이 예쁘면 예쁘다고 말하고, 상대방이 무엇인가를 자랑하면 대단하다고 응해주는 것이다. 조금만 용기를 내다보면 어느새 모임의 리더 혹은 주인공이 된 자신의 모습을 발견하지 않을까. 상대방이 엄격한 사람이든, 답답한 사람이든 관계없이 말이다. 하나 더, 이왕 긍정의 말을 하기로 했다면 꼭 기억해야 할 것이 있다. 바로 당신의 말끝이 부정적인 말투로 끝나선 곤란하다는 점이다.

No Talks

"당신은 올해 큰 성과를 거두었습니다. 하지만 목표를 위해선 아직 긴장을 늦추지 말아야 합니다."

리액션만 잘해도
절반 이상 성공한 것

사람은 타인의 설득으로 자신을 평가하는 경우가 많다. 이때 긍정의 기대감을 받으면 스스로 자신감을 얻고 모든 것을 용기 있게 받아들인다. 이를 대화의 장면에 응용해볼 수 있다. 누군가에게 자신감을 주고 싶다면 긍정적인 과거를 머리에 떠올릴 수 있도록 하면 된다.

Do Talks

"지금까지 경험한 일 중에서 가장 성공한 경험을 얘기해주시겠습니까?"
"지난 경험 중에서 가장 행복한 순간을 기억하십니까?"
"가장 사랑받은 순간은 언제였는지요?"

공통점을 찾으면
대화가 편안하다

타인과 공감하는 연습, 세상 사람에게 다가서는 연습을 게을리하지 말자. 타인의 상황에 자신의 감정을 이입해서 — 물론 어렵겠지만 최대한의 노력은 해야 한다 — 공감하는 훈련을 하자. 그리고 대화를 섣불리 시작하기에 앞서 나와 대화 상대방의 공통점이 무엇인지 고민하자.

Do Think

'생각은 현자처럼 하되 평범한 사람의 언어로 소통하라.'

"그럴 수 있겠다"가 주는
놀라운 힘

마음을 조금 너그럽게 갖자. 당신보다 못한 사람 ― 사실 못한 것도 아니다. 그저 나이가 어리고, 아직 직급이 낮을 뿐이다 ― 을 향해 따뜻한 시선을 잊지 말았으면 좋겠다. 그들도 누군가의 자식이며 부모이다. 아주 잠깐이라도 말과 행동을 표현하기 전에 포용이라는 단어 하나쯤은 기억하면 좋겠다. 말이나 몸짓 하나라도 부하 직원에게, 자녀에게, 그리고 수없이 많은 세상의 약자에게 '그래, 그럴 수도 있겠다'며 따뜻한 '신호'를 주는 말눈치 그리고 몸눈치가 필요한 때다.

No Actions

✔ 팔짱 끼고 바라보기

✔ 회의 시간에 볼펜 등으로 책상을 신경질적으로 탁탁 치기

✔ 갑작스러운 한숨 쉬기

✔ 부하 직원이 보고할 때 딴청부리며 스마트폰 보기

✔ 소위 '썩소'라고 부르는 기분 나쁜 표정 짓기

때로는 말보다
눈빛이 더 중요하다

인사는 '눈빛'이다. 서로 바라봄의 시작이다. 인사는 시작이요 끝이다. 입에서 나오는 말이 어렵다면 행동으로 인사만이라도 잘해보려고 노력했으면 좋겠다. 말이 술술 나오게 하는 마법이자 상대방이 당신의 말을 들을 준비하도록 하는 비결이기도 하다. 말하기 조심스러워하는 사람에겐 특히 편하게 사용할 수 있는 '아이스 브레이킹' 도구라고 강력히 추천한다.

Do Think

'보고, 듣고, 느끼고, 인정하고, 반성하고 그리고 나서야 비로소 말하는 사람.'

상대방이 원하는 것은
소통하는 느낌이다

'내가 맞다'는 관점에서만 말하다 보니 결국 소통은 어려워진다. 상대방도 최소한의 소통을 하는 느낌은 받아야 하는데 우리는 최소한도 하지 않은 채 무작정 내 말만 늘어놓는다. 상대방이 원하는 것을 알려고 하지 않은 상태에서 오로지 자신이 원하는 것만 주장하다 보니 소통은 불통이 되고 인간관계는 멀어진다.

Do Think

- -

"다른 사람이 당신에게 관심을 갖게 만들면서 2년을 보내는 것보다 당신이 다른 사람에게 관심을 가지면서 2달을 보내는 것이 훨씬 많은 친구를 사귀게 한다."

억지로 노력하지 않아도
술술 풀리는 대화

다른 사람에게 원하는 것을 얻으려면 감정을 다룰 줄 아는 능력이 필요하다. 내 감정을 관리하는 것은 물론 상대방의 감정에 귀를 기울이고, 느끼며, 공감대를 형성하는 노력이 우리에겐 필요하다. 오로지 자신의 사고에 충실하다가는, 그저 옳고 그름을 따지는 것에만 능숙해서는 세상 속 사람과 조화를 이루기 힘들다.

Do Talks

"내가 먼저 잘해야겠다는 다짐을 했어!"

모든 대화는
이해에서 시작한다

상대방을 이해하기보다는 과거의 잘못에 집중하기 때문에 이렇게 부정적인 말이 튀어나온다. 과거의 잘못을 따지기보다 미래의 방향을 말한다면 서로를 이해하는 데 더 도움이 된다.

Do Talks

"자녀에게 '너 숙제 안 하니?'라고 말하기보다는 '내일 수학 학원에 가는 날이지?'라고 말해봐."

과한 요구를
하지 않는다

절대적인 언어는 절대적인 사고를 형성한다. 절대적인 생각은 절대적인 틀 안으로 우리를 가둬놓는다. 나와 상대방의 마음에 부정적인 스트레스로 작용한다. 엄격한 통제를 즐기기 원하고, 소통 따위는 필요 없다고 느끼는 당신이라면 모르겠다. 하지만 함께 이야기할 수 있는 분위기를 유지하고 싶다면 정답은 긍정과 여유의 말이다. 부정적이면서도 억압적인 말은 자제할수록 좋다.

No Talks

절대

반드시

결코

마지막

나중에 말하는 것이
말실수를 줄인다

내 부정적인 면을 이야기하는 데 아무 거리낌 없는 사람을 만났다고 해보자. 내 사생활에 대해 함부로 말하는 사람이다. 그 말에 내 마음에 상처가 생겼다. 어떻게 대응할 것인가.

보통은 싸운다. '당신이 왜 내 사생활을 함부로 평가하느냐'고 욱하며 달려든다. 조금만 시간을 두고 말하면 좋을 텐데 그렇게 하질 못한다. 나중에 말하는 것이 말실수를 줄이는 지름길임에도 망각하고 덤빈다. 인간관계는 파국으로 치달을 수밖에 없다. 그보다는 센스 있는 말눈치로 극복하는 모습이 현명하다. 어떻게? 입에서 튀어나오려는 말을 손으로라도 막고 잠시 시간을 두어 다음 세 단계와 같이 말해보자.

Do Talks

1단계: 상대방의 의도에 대한 인정
"당신은 저를 해할 생각이 없다는 것을 알고 있습니다."
2단계: 내 마음의 불편함을 알림

"하지만 저는 ~한 상황이나, ~한 말에는 불편함을 느낍니다."

3단계: 내 마음을 들은 상대방의 의견 청취

"제 말에 대해 당신은 어떻게 생각하는지요?"

침묵은 결코
나쁜 게 아니다

말하지 않음, 즉 침묵은 누군가에게 굳이 설명해야 할 일은 아니다. 개인이 가진 특질일 뿐이다. 좋고 나쁜 것도 없다. 그저 말하지 않을 뿐.

Do Think

"나는 말한 것을 후회한 적은 있지만 말하지 않은 것을 후회한 적은 없다."

상대방에게 충분히
말할 기회를 준다

상대방과 커뮤니케이션을 제대로 하고 싶다면, 프로젝트를 앞두고 누군가의 협력을 끌어내야 한다면 시간적 요소를 가장 먼저 염두에 두길 바란다. 의견을 표현하기 전에 상대방의 말을 듣는 것이 우선이다. 그리고 의견을 먼저 표현해야 할 상황이라 할지라도 상대의 시간을 아끼려는 고민이 우리에게 필요한 말눈치의 기본이다.

Change Talks

"내일 아침 9시부터 회의 있으니까 오세요." (X)

"내일 아침 9시부터 10시까지 3층 회의실에서 프로젝트 관련 회의 하려고 합니다." (O)

"한 시간 정도면 될 것 같은데. 바쁘세요?" (X)

"딱 5분만 시간 내주세요. 프로젝트 관련해서 잠깐 말씀드릴까 합니다." (O)

들은 이야기를
남에게 흘리지 않는다

들은 이야기를 남에게 흘리지 않는 데는 나름대로 굳은 의지 그리고 말눈치가 필요하다. 뒷담화에 관해서는 스스로 '인간 스펀지'가 되겠다고 다짐하라. 인간 스펀지란 '제삼자에 대해 누군가에게 들은 안 좋은 이야기를 중간에서 먹어버리는 사람'이다. 인간 스펀지 유형은 말을 잘할 줄 아는 사람의 표본이요, 말눈치 센스가 있는 사람의 모델이다.

No Talks

"우리 엄마가 그러는데 너같이 공부 못하는 애랑은 놀지 말래."

"박 과장님이 그랬어요. 김 부장님 옷 입는 스타일 너무 세련되지 못하다고."

"지점장님이 말씀하셨어요. 고객님같이 말 함부로 하는 사람하곤 대화하지 말라고."

심사숙고 후 말하기에
한마디로도 묵직하다

입에서 어떤 말이 나갔는지조차도 모르는 때가 많다. 상대방이 불쾌해하는 것을 눈치채지 못한다. 이것도 한두 번이다. 반복되면 관계는 엉망이 된다. 함부로 말하다가 봉변을 당한 기억이 있다면 심사숙고하여 말하는 연습이 필요하다. 이때 핵심은 '내 말 습관을 고쳐보겠다'가 아니다. '상대방이 하는 말을 잘 들어보겠다'가 핵심이다. 내 가벼운 입은 상대의 상황을 알지 못하거나 설령 알더라도 가볍게 여기는 것에서 시작한다. 이를 극복하려면 잘 보고, 잘 들어야 한다.

Do Think

내 말이 너무나 가볍게 느껴질 때가 있다면, 말을 탓하지 말 것.
대신 그 말이 나온 내 생각의 무게를 알아챌 것.

깊이를 모르는 사람은
무엇이 중요한지 모른다

때와 장소를 구분 못하는 큰 목소리와 거친 행동은 카리스마가 아니다. 그것은 소란스러움이며 방정이고 무례이며 눈치 없는 행동일 뿐이다. 이제 시끄러운 카리스마를 멀리할 때다. '조용한 카리스마'가 무엇인지 인식하고 세상의 관계에서 무엇이 중요한지를 고민해야 한다. 그리고 하나의 주제에 깊이 파고들며 삶에서 진정으로 가치 있는 것이 무엇인지를 깨닫자.

Do Think

조용한 카리스마.

기분 나쁘지 않게
거절하는 친절함

공감의 기술을 생각해봐야 한다. 타인에게 두는 관심은 능동적이며 긍정적인 말눈치로 가능하다. 이런 말눈치가 있는 사람은 자신만의 작은 세상을 과감히 깨뜨리는 노력에 주저하지 않는다. 다른 사람을 따뜻한 눈으로 볼 수 있는 용기를 가진 사람이 되어야 한다.

Do Talks

"우리와 계약을 맺으려는 회사의 영업 사원은 계약 하나로 자신의 생계를 잃을 수도 있는 사람입니다. 우리와 계약 하나 못 맺으면 회사 유지가 힘든 곳도 절박한 곳도 많습니다. 그들과 모두 계약을 할 수는 없습니다. 하지만 계약하지 못한 회사에 위로의 말, 격려의 말 등은 충분히 해줄 수 있지 않을까요? 어려운 처지에 놓인 사람에게 냉정한 충고 대신 따뜻한 배려와 친절의 말 한마디 건넬 수 있도록 해봅시다. '규정도 몰라요?'라고 타박하기보다 '규정 찾기 힘드시죠? 제가 이메일로 보내드릴게요' 혹은 '저는 힘들지만 다른 부서로 가시면 해결할 수도 있을 것 같습니다' 등으로 말이죠."

호감을 사는
침착한 목소리

진심이 담긴 말을 하는 것, 중요하다. 하지만 그보다 더 중요한 것은 다소 진심이 '덜' 들어갔더라도 상대방이 좋아하는 것을 말해주는 것도 기술임을 삶의 현장에서 소통을 공부하며 느낀 생각이다. 즉, 커뮤니케이션은 하나의 기술임을 잊지 말자. 목소리를 변화하려는 노력 역시 기술의 분야다. 기술을 발전시켜 커뮤니케이션 통로를 확보하고 언젠가는 내 진심을 상대방에게 잘 전달하도록 프로세스를 세우자. 우리가 원하는 것이 무엇인지 확인하고, 말하는 기술을 배우며, 상대방이 원하는 것을 알아내는 능력을 발전시키기 위한 끊임없는 노력만이 완성된 커뮤니케이션을 만든다.

No Talks

- -

"내가 몇 살인데?"
"무슨 말 하기를 연습해야 해?"
"말하는 태도가 하루 만에 바뀔 수 있나?"

깊고 진지한 대화는
여운을 남긴다

깊고 진지하게 대화할 수 있어야 한다. 자신의 내일을 기대하고 걱정하는 사람이라면 더더욱 그러하다. 아무리 가벼운 이야기라도 외부에 표현하려 한다면 이야기의 전후사정에 대해 '사실 확인' 정도는 할 줄 아는 말눈치가 필요하다. 누군가와 좋은 여운을 남기며 미래에 더욱 나은 관계로 발전해나가고 싶다면 '말하기 전에 신중함'을 늘 생각하자.

No Talks

"OOO 씨도 수술했나 보다. 이제 잇몸이 안 보인다."

가끔은 상대방의 실수를
눈감아주자

실수, 가끔은 눈감아주는 것도 기술이다. 우리 모두 실수하고 산다. 실수 없이 어떻게 삶을 살 수가 있는가. '오답으로 살아봐야 정답을 찾을 수 있다'는 말도 있지 않은가. 타인의 실수를 논리적으로 지적하는 것, 보통 사람이 저지르지 말아야 할 실수다. 가끔은 편하게, 여유 있게 상대방의 실수를 눈감아주는 말눈치가 우리에겐 필요하다. 우리가 먼저 상대방의 실수를 민감하게 받아들이지 않을 때 비로소 상대방은 공감의 대화를 할 준비를 한다.

Do Talks

"괜찮아. 아무렇지도 않으니까 힘내."

저도 눈치 없는 사람과
대화는 어렵습니다만

초판 1쇄 발행 2018년 04월 30일
초판 2쇄 발행 2018년 06월 05일

지은이 김범준
발행인 홍경숙
발행처 위너스북
경영총괄 안경찬
기획편집 김효단, 문주영

출판등록 2008년 5월 2일 제 2008-000221 호
주소 서울 마포구 토정로 222, 201호(한국출판콘텐츠센터)
주문전화 02-325-8901

디자인 김종민
지업사 월드페이퍼
인쇄 영신문화사

ISBN 978-89-94747-90-3 03190

이 도서의 국립중앙도서관 출판예정도서목록(CIP)은 서지정보유통지원시스템 홈페이지(http://seoji.
nl.go.kr)와 국가자료공동목록시스템(http://www.nl.go.kr/kolisnet)에서 이용하실 수 있습니
다.(CIP제어번호: CIP2018008669)